2015年马鞍山市"三名"工作室（俞洁文工作室）
专项研究课题（课题编号：MJZ1510）

小学数学数形结合典型案例研究

俞洁文 编著

安徽师范大学出版社
· 芜湖 ·

图书在版编目（CIP）数据

小学数学数形结合典型案例研究／俞洁文编著.
—芜湖：安徽师范大学出版社，2018.5
ISBN 978-7-5676-3451-0

Ⅰ．①小… Ⅱ．①俞… Ⅲ．①小学数学课—教学研究
Ⅳ．①G623.502

中国版本图书馆 CIP 数据核字（2018）第 057228 号

小学数学数形结合典型案例研究

俞洁文　编著

责任编辑：孔令清
装帧设计：任　彤
出版发行：安徽师范大学出版社
　　　　　芜湖市九华南路 189 号安徽师范大学花津校区
网　　址：http://www.ahnupress.com/
发 行 部：0553-3883578　5910327　5910310（传真）
印　　刷：江苏凤凰数码印务有限公司
版　　次：2018 年 5 月第 1 版
印　　次：2018 年 5 月第 1 次印刷
规　　格：700 mm×1000 mm　1/16
印　　张：11.25
字　　数：200 千字
书　　号：ISBN 978-7-5676-3451-0
定　　价：39.00 元

"基于微课的小学数学数形结合典型案例研究"课题组

课题主持人： 俞洁文　唐　明

课题组成员：（排名不分先后）

黄祥凤	陈　丽	张小玲	赵燕燕	王　艳
唐　明	陈小鸭	梅昌甜	夏玉珍	滕明园
邓　辉	吴雪婷	殷晓丹	张　雄	王　云
李光云	刘治霞	俞洁文		

合作研究者： 李雨凝

前　言

从事小学数学课堂教学三十余年，一直关注学生在数学学习过程中呈现的精神面貌，关注学生学习数学的经验和困难，关注学生的全面发展。从低年级的信心满满到高年级的困惑重重，除了学习内容难度有所增加，学习方法的缺失也成为一些孩子继续向前的障碍，小小年纪的他们在课余时间常常忙碌于去上补习班。那么，我们如何在数学学习中保护好学生的好奇心，激发他们的想象力？这就要求教师与学生在数学学习中都应该有更高的价值追求，避免短期功利主义。小学数学学习中采用"数形结合"的思想和方法培养学生的创造性思维，正是基于以上思考产生的。

"数形结合"一词正式出现在华罗庚先生于 1964 年为北京市中学生数学竞赛作的报告《谈谈与蜂房结构有关的数学问题》中，文中有一首小词："数与形，本是相倚依，焉能分作两边飞。数无形时少直觉，形少数时难入微。数形结合百般好，隔离分家万事非。切莫忘，几何代数统一体，永远联系，切莫分离！""数形结合"实质上是将抽象的数学语言与直观的图像结合起来，通过"以数解形""以形助数"，使问题化难为易、化繁为简，从而得到解决。

本书试图从"影子教育与小学数学学习""小学数学中的数形结合""教材中的数形结合内容"以及"数形结合典型案例呈现"四个方面，阐述运用数形结合思想和方法教学的内容实质。关于小学数学数形结合，本书结合教育教学实际案例详细分析了其内涵特征、表达方式和应用策略。遵循立足本土与实事求是的原则，十余篇数形结合典型案例源自俞洁文市级名师工作室近五年合作研究的成果。课题研究中，特邀教育学硕士李雨凝指导课题问卷调研，还得到马鞍山市教科院张先义院长、教科研专家刘决生博士、市教研员李国海老师、花山区教研员刘锡萍老师、雨山区教研室杨旭虹主任、教研员黄娟老师的专业指导。在课题研究中，课题组参考了大量文献，旨在梳理过去、确立题点，以利于做实过程、做出成效、反哺课堂。

一线教师为什么要开展教育科研？

教育家梁漱溟做了最好的回答，他说："所谓学问，就是对问题说得出道理，有自己的想法。……喜欢提问题，……提得出问题，然后想要解决它，这大概是做学问的起点吧。"

小学数学教育科研好似一根红线，把我们日常教学教研中的零散现象、零散思考串联起来，变成一个个需要解决的问题，让一群人朝思暮想、茶饭不香，让一群人汇聚碰撞思维、分享智慧，让平淡的教育生活多姿多彩。这根红线就是教育现象背后存在的普遍规律，探索总结规律并运用于教学应该就是教育科研的魅力。

本书由俞洁文确立写作的整体框架、负责统稿并对每一章进行修改完善。第一章由李雨凝编写，第二章由俞洁文、唐明等编写（参考了课题组论文），第三章由俞洁文、李雨凝编写，第四章由俞洁文、黄祥凤、唐明、陈丽等编写。由于作者水平有限，难免疏漏、不当甚至错误之处，敬请读者批评指正。

俞洁文

2018 年 1 月

目　录

第一章　问卷调研：
"影子教育"与小学数学学习

现今教育，面对孩子不理想的学习成绩，大部分家长会给孩子选择一个学习培训班。不难发现，一所学校尤其是小学周围环绕着各类补习培训机构和"小饭桌"。这些文化课补习、艺术类补习等侵占了孩子们自由活动的时间，使得他们走出了校园又进入了补习班。

数学是家长为孩子申报的热门补习课程之一，甚至有的孩子从一年级起便开始了补习生涯。为了进一步了解孩子们数学课外补习的情况，我们在10所教学质量程度不同的学校选择五、六年级的学生，作了关于"小学数学校内学习与校外补习"情况的调查，用数据表明小学生数学课外补习的情况，思考其中的缘由，从而改善校内学习的状态，提高数学学习的效率。以下是调查的一些数据统计与简要分析。

第一节　分年级数据统计与简要分析

一、五年级数据统计

关于"小学数学校内学习与校外补习"情况的调查

单纯统计结果（五年级）

$N = 121$

各学校调查样本分布情况（百分比）

学校	山南小学	雨山实验小学	南山小学	四村小学	九村小学	雨山中心小学	新工房小学	湖东路二小	师苑小学	含山环峰小学
百分比	9.9%	9.9%	9.9%	9.9%	10.7%	9.9%	9.9%	8.4%	9.9%	11.6%

针对学生自身和家庭基本情况的调查（百分比）

1. 你的性别是？

A. 男（51.2%）　　　　　　　　B. 女（48.8%）

2. 你的兄弟姐妹有几人？

A. 独生子女（62.0%）　　　　　B. 1 人（13.2%）

C. 2 人及 2 人以上（24.8%）

3. 你父母分别是什么学历？

选项	A. 小学	B. 中学	C. 中专	D. 高中	E. 大专	F. 本科	G. 本科以上
父亲	9.9%	29.8%	4.1%	25.6%	17.4%	9.1%	4.1%
母亲	15.7%	23.1%	13.2%	23.1%	14.9%	5.0%	5.0%

4. 你的家庭经济状况如何？

A. 父母双方均在职工作（67.8%）

B. 父母双方仅一方在职工作（23.1%）

C. 一方做生意，一方不工作（7.4%）

D. 学生没有回答（1.7%）

5. 你喜欢数学学科吗？你的数学成绩在班级中大约是什么水平？

A. 喜欢且成绩优秀（21.5%）　　B. 喜欢，成绩中上等（41.3%）

C. 一般，成绩中下等（34.7%）　D. 不喜欢，成绩不理想（1.7%）

E. 学生没有回答（0.8%）

针对是否参加校外数学补习情况的调查（百分比）

6. 你从几年级开始参加校外数学补习班的？

A. 小学一年级（5.8%）　　　　　B. 小学二年级（9.9%）

C. 小学三年级（19.8%）　　　　　D. 小学四年级（18.2%）

E. 小学五年级（22.3%）　　　　　F. 小学六年级（0）

G. 至今还没有参加任何校外数学补习班（24.0%）

7. 你目前是否在校外参加了数学补习班？

A. 参加了 2 个数学补习班（5.0%）

B. 参加了 1 个数学补习班（62.8%）

C. 没有参加数学补习班（32.2%）

8. 你参加数学补习班的原因是什么？（多选）

A. 数学成绩不理想，想通过参加补习班以提高成绩（27.3%）

B. 希望提前学习新学年的内容（例：五年级升六年级的同学，提前学习六年级的内容）（18.2%）

C. 数学成绩优秀，但想通过学习奥数保持或进一步提高成绩（21.5%）

D. 希望学习新的巧妙的解题思路和学习方法（34.7%）

9. 你参加数学补习班是自愿的，还是有他人要求你参加？

A. 自愿参加（48.8%）　　　　B. 父母或老师的要求（35.5%）

C. 学生没有回答（15.7%）

10. 你每周参加数学补习班的时间约为多少？（每次时长为 2 小时）

A. 每周 1 次（52.9%）　　　　B. 每周 2 次（13.2%）

C. 每周 3 次（1.7%）　　　　D. 每周 3 次以上（15.7%）

E. 学生没有回答（16.5%）

11. 你参加的数学补习班每班有多少人？（多选）

A. 一对一辅导（10.7%）

B. 学生数 <20 人（43.0%）

C. 学生数为 20～40 人（30.6%）

D. 学生数 >40 人（4.1%）

12. 你参加的数学补习班，是哪种类型的教师授课？（多选）

A. 自己的数学教师（8.3%）　　B. 校外培训机构的专职教师（29.8%）

C. "小饭桌"老师（23.1%）　　D. 在校大学生（5.8%）

E. 其他教师（本校在职或其他学校的教师等）（28.9%）

13. 你参加的数学补习班，常常以什么样的形式授课？（多选）

A. 先做试卷，教师再讲评（34.7%）

B. 教师讲新的知识点，学生记笔记（42.1%）

C. 教师出题，学生小组讨论获得结论（25.6%）

14. 目前，你参加的数学补习班一个月总费用大约是多少？

　　　　统计结果：最少 0 元，最多 2500 元，平均值 434.11 元。

15. 目前，你参加的校外数学补习班中，往返时间是否超过 1 小时？

A. 超过 1 小时（47.1%）　　　　B. 没有 1 小时（33.9%）

C. 学生没有回答（19.0%）

16. 在参加校外补习班的过程中，你的父母都为你做过哪些事情？

选项	A. 是	B. 不是	C. 学生没有回答
（1）开车或骑车接送你参加校外补习班	61.2%	24.8%	14.0%
（2）与补习班的老师交流你在课堂上的表现等情况	63.6%	21.5%	14.9%
（3）关心你上补习课的情况，具体询问你上课的内容	71.1%	71.1%	15.7%

17. 补习班学习的数学内容与在学校学习的数学内容是否有重复的地方？重复的比例大约是多少？

A. 奥数内容，与课本完全不重复（25.6%）

B. 在课本基础内容上有所提高，30%~50%重复（44.6%）

C. 与课本基础知识70%以上重复（13.3%）

D. 学生没有回答（16.5%）

18. 针对你在学校和参加数学补习班的表现，判断以下情况是否与你相符合？

选项	A. 符合	B. 不符合	C. 学生没有回答
（1）补习班中上课的内容，没有参加之前就基本上已经掌握	31.4%	55.4%	13.2%
（2）对于补习班中讲授的内容，基本上可以理解	77.7%	9.1%	13.2%
（3）认真对待补习班的作业并按时完成，没有理解的知识点会询问补习班的老师	73.6%	14.0%	12.4%
（4）在学校上数学课前能自觉预习	57.8%	40.5%	1.7%
（5）在学校上课时认真听讲，能够理解老师上课所讲的内容	81.0%	16.5%	2.5%
（5）课后认真复习，能独立完成家庭作业	81.8%	15.7%	2.5%
（7）在父母指导下能有计划地自学奥数内容，与同学、老师讨论	33.9%	63.6%	2.5%
（8）在学校学习数学时轻松愉快	71.9%	25.6%	2.5%
（9）经常与学校数学老师谈心，喜欢老师的教学风格	48.7%	48.8%	2.5%
（10）在学校的数学成绩会如实告诉父母	90.9%	6.6%	2.5%

19. 对于以下情况你会选择自己就读的学校还是校外补习班？

选项	A. 自己就读的学校	B. 校外补习班	C. 学生没有回答
（1）数学课堂学习有趣，老师授课容易理解	80.2%	17.3%	2.5%
（2）数学学习内容适合自己	82.6%	14.9%	2.5%

续表

选项	A. 自己就读的学校	B. 校外补习班	C. 学生没有回答
（3）你喜欢的数学教学方式	80.2%	17.3%	2.5%
（4）你喜欢的数学老师	76.0%	21.5%	2.5%
（5）遇到困难，你愿意请教的数学老师	64.4%	33.1%	2.5%
（6）对提高数学成绩有帮助	63.6%	33.9%	2.5%
（7）能够获得数学学习能力	81.8%	15.7%	2.5%

20. 你今后打算长期参加校外数学补习班吗？

A. 会（42.1%） B. 不会（52.9%）

C. 学生没有回答（5.0%）

21. 你知道数学思想吗？是在学校还是在补习班知道的？（比如：化繁为简思想，符号化思想等）

A. 完全不知道（13.2%） B. 在学校课堂听老师讲过（62.8%）

C. 听补习班老师讲过（19.9%） D. 学生没有回答（4.1%）

22. 你知道数学中的数形结合思想吗？是在学校还是在补习班知道的？

A. 完全不知道（27.3%） B. 在学校课堂听老师讲过（54.5%）

C. 听补习老师讲过（14.9%） D. 学生没有回答（3.3%）

23. 你会使用画线段图的方法解决数学疑难问题吗？（多选）

A. 不太会画线段图，不喜欢（4.1%）

B. 学校老师教过用画线段图解题（44.6%）

C. 补习老师教过用画线段图解题（30.6%）

D. 会灵活使用画线段图解题（51.2%）

二、六年级数据统计

关于"小学数学校外补习与校内学习"情况的调查

单纯统计结果（六年级）

$N = 97$

各学校调查样本分布情况（百分比）

学校	山南小学	雨山实验小学	南山小学	四村小学	九村小学	雨山中心小学	新工房小学	湖东路二小	师苑小学	含山环峰小学
百分比	13.4%	12.4%	0	12.4%	0	12.4%	12.4%	16.5%	12.3%	8.2%

针对学生自身和家庭基本情况的调查（百分比）

1. 你的性别是？

A. 男（55.7%）　　　　　　　　B. 女（44.3%）

2. 你的兄弟姐妹有几人？

A. 独生子女（55.7%）　　　　　　B. 1人（13.4%）

C. 2人及2人以上（29.9%）　　　　D. 学生没有回答（1.0%）

3. 你父母分别是什么学历？

选项	A. 小学	B. 中学	C. 中专	D. 高中	E. 大专	F. 本科	G. 本科以上	H. 学生没有回答
父亲	10.3%	32.0%	5.2%	21.6%	12.4%	11.3%	6.2%	1.0%
母亲	17.5%	25.9%	12.4%	20.6%	11.3%	4.1%	7.2%	1.0%

4. 你的家庭经济状况如何？

A. 父母双方均在职工作（67.0%）

B. 父母双方仅一方在职工作（18.6%）

C. 一方做生意，一方不工作（12.4%）

D. 学生没有回答（2.0%）

5. 你喜欢数学学科吗？你的数学成绩在班级中大约是什么水平？

A. 喜欢且成绩优秀（18.6%）　　B. 喜欢，成绩中上等（46.4%）

C. 一般，成绩中下等（29.9%）　D. 不喜欢，成绩不理想（5.1%）

针对是否参加校外数学补习情况的调查（百分比）

6. 你从几年级开始参加校外数学补习班的？

A. 小学一年级（3.1%）　　　　　B. 小学二年级（7.2%）

C. 小学三年级（24.7%）　　　　　D. 小学四年级（15.5%）

E. 小学五年级（20.6%）　　　　　F. 小学六年级（12.4%）

G. 至今还没有参加任何校外数学补习班（16.5%）

7. 你目前是否在校外参加了数学补习班？

A. 参加了2个数学补习班（11.3%）

B. 参加了1个数学补习班（61.9%）

C. 没有参加数学补习班（26.8%）

8. 你参加数学补习班的原因是什么？（多选）

A. 数学成绩不理想，想通过参加补习班以提高成绩（29.9%）

B. 希望提前学习新学年的内容（例：五年级升六年级的同学，提前学习六年级的内容）（34.0%）

C. 数学成绩优秀，但想通过学习奥数保持或进一步提高成绩（21.6%）

D. 希望学习新的巧妙的解题思路和学习方法（60.8%）

9. 你参加数学补习班是自愿的，还是有他人要求你参加？

A. 自愿参加（59.8%）　　　　B. 父母或老师的要求（37.1%）

C. 学生没有回答（3.1%）

10. 你每周参加数学补习班的时间约为多少？（每次时长为 2 小时）

A. 每周 1 次（62.9%）　　　　B. 每周 2 次（20.6%）

C. 每周 3 次（4.1%）　　　　D. 每周 3 次以上（9.3%）

E. 学生没有回答（3.1%）

11. 你参加的数学补习班每班有多少人？（多选）

A. 一对一辅导（16.5%）

B. 学生数 <20 人（50.5%）

C. 学生数为 20～40 人（30.9%）

D. 学生数 >40 人（4.1%）

12. 你参加的数学补习班，是哪种类型的教师授课？（多选）

A. 自己的数学教师（10.3%）　　B. 校外培训机构的专职教师（30.9%）

C. "小饭桌"老师（18.6%）　　D. 在校大学生（8.2%）

E. 其他教师（本校在职或其他学校的教师等）（39.2%）

13. 你参加的数学补习班，常常以什么样的形式授课？（多选）

A. 先做试卷，教师再讲评（43.3%）

B. 教师讲新的知识点，学生记笔记（57.7%）

C. 教师出题，学生小组讨论获得结论（37.1%）

14. 目前，你参加的数学补习班一个月总费用大约是多少？

　　　　统计结果：最少 0 元，最多 1500 元，平均值 414.4 元。

15. 目前，你参加的校外数学补习班中，往返时间是否超过 1 小时？

A. 超过 1 小时（41.2%）　　　　B. 没有 1 小时（55.7%）

C. 学生没有回答（3.1%）

16. 在参加校外补习班的过程中，你的父母都为你做过哪些事情？

选项	A. 是	B. 不是	C. 学生没有回答
（1）开车或骑车接送你参加校外补习班	68.1%	30.9%	1.0%
（2）与补习班的老师交流你在课堂上的表现等情况	77.3%	20.6%	2.1%
（3）关心你上补习课的情况，具体询问你上课的内容	80.4%	18.6%	1.0%

17. 补习班学习的数学内容与在学校学习的数学内容是否有重复的地方？重复的比例大约是多少？

A. 奥数内容，与课本完全不重复（15.5%）

B. 在课本基础内容上有所提高，30%～50%重复（55.7%）

C. 与课本基础知识70%以上重复（24.7%）

D. 学生没有回答（4.0%）

18. 针对你在学校和参加数学补习班的表现，判断以下情况是否与你相符合？

选项	A. 符合	B. 不符合
（1）补习班中上课的内容，没有参加之前就基本上已经掌握	32.0%	68.0%
（2）对于补习班中讲授的内容，基本上可以理解	90.7%	9.3%
（3）认真对待补习班的作业并按时完成，没有理解的知识点会询问补习班的老师	85.6%	14.4%
（4）在学校上数学课前能自觉预习	54.6%	45.4%
（5）在学校上课时认真听讲，能够理解老师上课所讲的内容	83.5%	16.5%
（6）课后认真复习，能独立完成家庭作业	82.5%	17.5%
（7）在父母指导下能有计划地自学奥数内容，与同学、老师讨论	48.5%	51.5%
（8）在学校学习数学时轻松愉快	72.2%	27.8%
（9）经常与学校数学老师谈心，喜欢老师的教学风格	55.7%	44.3%
（10）在学校的数学成绩会如实告诉父母	93.8%	6.2%

19. 对于以下情况你会选择自己就读的学校还是校外补习班？

选项	A. 自己就读的学校	B. 校外补习班
（1）数学课堂学习有趣，老师授课容易理解	72.2%	27.8%
（2）数学学习内容适合自己	64.9%	35.1%
（3）你喜欢的数学教学方式	75.3%	24.7%
（4）你喜欢的数学老师	73.2%	26.8%

选项	A. 自己就读的学校	B. 校外补习班
（5）遇到困难，你愿意请教的数学老师	63.9%	36.1%
（6）对提高数学成绩有帮助	61.9%	38.1%
（7）能够获得数学学习能力	63.9%	36.1%

20. 你今后打算长期参加校外数学补习班吗？

    A. 会（48.5%）   B. 不会（51.5%）

21. 你知道数学思想吗？是在学校还是在补习班知道的？（比如：化繁为简思想，符号化思想等）

    A. 完全不知道（18.6%）   B. 在学校课堂听老师讲过（48.4%）

    C. 听补习班老师讲过（32.0%） D. 学生没有回答（1.0%）

22. 你知道数学中的数形结合思想吗？是在学校还是在补习班知道的？

    A. 完全不知道（21.5%）   B. 在学校课堂听老师讲过（51.5%）

    C. 听补习班老师讲过（26.5%）

23. 你会使用画线段图的方法解决数学疑难问题吗？（多选）

    A. 不太会画线段图，不喜欢（18.6%）

    B. 学校老师教过用画线段图解题（39.2%）

    C. 补习老师教过用画线段图解题（30.9%）

    D. 会灵活使用画线段图解题（49.5%）

三、针对五、六年级数据的简要分析

分析以上数据，可以得出以下结论：（1）学生补习原因有的是父母学历较低，课外答疑辅导能力欠缺；有的是父母双方在职，寒暑假孩子无人看管。（2）小学三年级至五年级补课人数比例相比一、二年级补课人数比例大，一是参加奥数补习，希望获得学校未教授的思维方法，掌握更多的数学知识；二是随着数学学习差异的增加，一些日渐掉队的学生需要巩固基础知识。（3）补习时间大多为每周1次（2小时），个别每周2次，孩子属于自愿参加或在父母和老师建议下参加课外辅导班。班额多为20人左右的小班，也有一对一辅导。（4）父母的支持行为表现在接送孩子上下学，向补习班老师了解学习情况，提供经济上的支持（月平均400多元）。（5）学生对学校教学的评价高于校外补习班，但对于学校教学中，关于如何运用数形结合思想和方法解决问题，学生存在一些困惑。

第二节　分学校数据统计与简要分析

一、一类校数据统计

关于"小学数学校外补习与校内学习"情况的调查

单纯统计结果（一类校）

$N = 99$

调查年级样本分布情况（百分比）

年级	五年级	六年级
百分比	46.5%	53.5%

针对学生自身和家庭基本情况的调查（百分比）

1. 你的性别是？

A. 男（56.5%）　　　　　　B. 女（43.5%）

2. 你的兄弟姐妹有几人？

A. 独生子女（73.7%）　　　　B. 1 人（11.1%）

C. 2 人及 2 人以上（14.1%）　D. 学生没有回答（1.1%）

3. 你父母分别是什么学历？

选项	A. 小学	B. 中学	C. 中专	D. 高中	E. 大专	F. 本科	G. 本科以上	H. 学生没有回答
父亲	1.0%	21.2%	5.1%	31.3%	17.2%	16.2%	7.1%	1.0%
母亲	6.1%	18.2%	15.2%	24.2%	21.2%	7.1%	7.0%	1.0%

4. 你的家庭经济状况如何？

A. 父母双方均在职工作（69.7%）

B. 父母双方仅一方在职工作（19.2%）

C. 一方做生意，一方不工作（9.1%）

D. 学生没有回答（2.0%）

5. 你喜欢数学学科吗？你的数学成绩在班级中大约是什么水平？

A. 喜欢且成绩优秀（22.2%）　B. 喜欢，成绩中上等（44.4%）

C. 一般，成绩中下等（27.3%）D. 不喜欢，成绩不理想（5.1%）

E. 学生没有回答（1.0%）

针对是否参加校外数学补习情况的调查（百分比）

6. 你从几年级开始参加校外数学补习班的？

A. 小学一年级（5.1%）　　　　B. 小学二年级（9.1%）

C. 小学三年级（28.3%）　　　　D. 小学四年级（23.2%）

E. 小学五年级（22.2%）　　　　F. 小学六年级（4.0%）

G. 至今还没有参加任何校外数学补习班（8.1%）

7. 你目前是否在校外参加了数学补习班？

A. 参加了 2 个数学补习班（10.1%）

B. 参加了 1 个数学补习班（71.7%）

C. 没有参加数学补习班（18.2%）

8. 你参加数学补习班的原因是什么？（多选）

A. 数学成绩不理想，想通过参加补习班以提高成绩（24.2%）

B. 希望提前学习新学年的内容（例：五年级升六年级的同学，提前学习
六年级的内容）（29.3%）

C. 数学成绩优秀，但想通过学习奥数保持或进一步提高成绩（27.3%）

D. 希望学习新的巧妙的解题思路和学习方法（52.5%）

9. 你参加数学补习班是自愿的，还是有他人要求你参加？

A. 自愿参加（56.6%）　　　　B. 父母或老师的要求（35.4%）

C. 学生没有回答（8.0%）

10. 你每周参加数学补习班的时间约为多少？（每次时长为 2 小时）

A. 每周 1 次（74.7%）　　　　B. 每周 2 次（11.1%）

C. 每周 3 次（1.0%）　　　　D. 每周 3 次以上（5.1%）

E. 学生没有回答（8.1%）

11. 你参加的数学补习班每班有多少人？（多选）

A. 一对一辅导（74.7%）

B. 学生数 <20 人（53.5%）

C. 学生数为 20～40 人（27.3%）

D. 学生数 >40 人（7.1%）

12. 你参加的数学补习班，是哪种类型的教师授课？（多选）

A. 自己的数学教师（6.1%）　　B. 校外培训机构的专职教师（37.4%）

C. "小饭桌"老师（14.1%）　　D. 在校大学生（27.3%）

E. 其他教师（本校在职或其他学校的教师等）（38.4%）

13. 你参加的数学补习班，常常以什么样的形式授课？（多选）

A. 先做试卷，教师再讲评（34.3%）

B. 教师讲新的知识点，学生记笔记（53.5%）

C. 教师出题，学生小组讨论获得结论（38.4%）

14. 目前，你参加的数学补习班一个月总费用大约是多少？

统计结果：最少 0 元，最多 2500 元，平均值 432.60 元。

15. 目前，你参加的校外数学补习班中，往返时间是否超过 1 小时？

A. 超过 1 小时（46.5%）　　　B. 没有 1 小时（43.4%）

C. 学生没有回答（10.1%）

16. 在参加校外补习班的过程中，你的父母都为你做过哪些事情？

选项	A. 是	B. 不是	C. 学生没有回答
（1）开车或骑车接送你参加校外补习班	78.8%	15.2%	6.0%
（2）与补习班的老师交流你在课堂上的表现等情况	70.7%	22.2%	7.1%
（3）关心你上补习课的情况，具体询问你上课的内容	76.8%	16.1%	7.1%

17. 补习班学习的数学内容与在学校学习的数学内容是否有重复的地方？重复的比例大约是多少？

A. 奥数内容，与课本完全不重复（27.3%）

B. 在课本基础内容上有所提高，30%～50%重复（45.5%）

C. 与课本基础知识 70%以上重复（19.2%）

D. 学生没有回答（8.0%）

18. 针对你在学校和参加数学补习班的表现，判断以下情况是否与你相符合。

选项	A. 符合	B. 不符合	C. 学生没有回答
（1）补习班中上课的内容，没有参加之前就基本上已经掌握	29.3%	66.7%	4.0%
（2）对于补习班中讲授的内容，基本上可以理解	86.9%	9.1%	4.0%
（3）认真对待补习班的作业并按时完成，没有理解的知识点会询问补习班的老师	76.8%	19.2%	4.0%

选项	A. 符合	B. 不符合	C. 学生没有回答
（4）在学校上数学课前能自觉预习	60.6%	39.4%	0
（5）在学校上课时认真听讲，能够理解老师上课所讲的内容	87.9%	12.1%	0
（6）课后认真复习，能独立完成家庭作业	81.8%	18.2%	0
（7）在父母指导下能有计划地自学奥数内容，与同学、老师讨论	45.5%	54.5%	0
（8）在学校学习数学时轻松愉快	76.8%	23.2%	0
（9）经常与学校数学老师谈心，喜欢老师的教学风格	51.5%	48.5%	0
（10）在学校的数学成绩会如实告诉父母	97.0%	3.0%	0

19. 对于以下情况你会选择自己就读的学校还是校外补习班？

选项	A. 自己就读的学校	B. 校外补习班	C. 学生没有回答
（1）数学课堂学习有趣，老师授课容易理解	79.8%	19.2%	1.0%
（2）数学学习内容适合自己	78.8%	20.2%	1.0%
（3）你喜欢的数学教学方式	78.8%	20.2%	1.0%
（4）你喜欢的数学老师	76.8%	22.2%	1.0%
（5）遇到困难，你愿意请教的数学老师	61.6%	37.4%	1.0%
（6）对提高数学成绩有帮助	61.6%	37.4%	1.0%
（7）能够获得数学学习能力	64.6%	34.4%	1.0%

20. 你今后打算长期参加校外数学补习班吗？

A. 会（56.6%）　　　　　　B. 不会（41.4%）

C. 学生没有回答（2.0%）

21. 你知道数学思想吗？是在学校还是在补习班知道的？（比如：化繁为简思想，符号化思想等）

A. 完全不知道（12.1%）　　B. 在学校课堂听老师讲过（56.6%）

C. 听补习班老师讲过（28.3%）D. 学生没有回答（3.0%）

22. 你知道数学中的数形结合思想吗？是在学校还是在补习班知道的？

A. 完全不知道（22.2%）　　　B. 在学校课堂听老师讲过（54.5%）

C. 听补习班老师讲过（21.2%）D. 学生没有回答（2.1%）

23. 你会使用画线段图的方法解决数学疑难问题吗？（多选）

A. 不太会画线段图，不喜欢（15.2%）

B. 学校老师教过用画线段图解题（39.4%）

C. 补习老师教过用画线段图解题（29.3%）

D. 会灵活使用画线段图解题（46.5%）

二、二类校数据统计

关于"小学数学校外补习与校内学习"情况的调查

单纯统计结果（二类校）

N = 59

调查年级样本分布情况（百分比）

年级	五年级	六年级
百分比	66.1%	33.9%

针对学生自身和家庭基本情况的调查（百分比）

1. 你的性别是？

A. 男（55.9%）   B. 女（44.1%）

2. 你的兄弟姐妹有几人？

A. 独生子女（57.6%）   B. 1 人（8.5%）

C. 2 人及 2 人以上（33.9%）

3. 你父母分别是什么学历？

选项	A. 小学	B. 中学	C. 中专	D. 高中	E. 大专	F. 本科	G. 本科以上
父亲	10.2%	28.8%	0	22.0%	22.0%	10.2%	6.8%
母亲	23.7%	25.4%	11.9%	18.6%	6.8%	5.1%	8.5%

4. 你的家庭经济状况如何？

A. 父母双方均在职工作（64.5%）

B. 父母双方仅一方在职工作（23.7%）

C. 一方做生意，一方不工作（8.4%）

D. 学生没有回答（3.4%）

5. 你喜欢数学学科吗？你的数学成绩在班级中大约是什么水平？

A. 喜欢且成绩优秀（20.3%）   B. 喜欢，成绩中上等（44.1%）

C. 一般，成绩中下等（33.9%）　D. 不喜欢，成绩不理想（1.7%）

针对是否参加校外数学补习情况的调查（百分比）

6. 你从几年级开始参加校外数学补习班的？

A. 小学一年级（6.8%）　　　　B. 小学二年级（6.8%）

C. 小学三年级（11.9%）　　　 D. 小学四年级（15.3%）

E. 小学五年级（16.9%）　　　 F. 小学六年级（10.1%）

G. 至今还没有参加任何校外数学补习班（32.2%）

7. 你目前是否在校外参加了数学补习班？

A. 参加了 2 个数学补习班（6.8%）

B. 参加了 1 个数学补习班（52.5%）

C. 没有参加数学补习班（40.7%）

8. 你参加数学补习班的原因是什么？（多选）

A. 数学成绩不理想，想通过参加补习班以提高成绩（23.7%）

B. 希望提前学习新学年的内容（例：五年级升六年级的同学，提前学习六年级的内容）（27.1%）

C. 数学成绩优秀，但想通过学习奥数保持或进一步提高成绩（18.6%）

D. 希望学习新的巧妙的解题思路和学习方法（39.0%）

9. 你参加数学补习班是自愿的，还是有他人要求你参加？

A. 自愿参加（50.8%）　　　　B. 父母或老师的要求（32.3%）

C. 学生没有回答（16.9%）

10. 你每周参加数学补习班的时间约为多少？（每次时长为 2 小时）

A. 每周 1 次（35.6%）　　　　B. 每周 2 次（25.5%）

C. 每周 3 次（22.0%）　　　　D. 每周 3 次以上（16.9%）

11. 你参加的数学补习班每班有多少人？（多选）

A. 一对一辅导（11.9%）

B. 学生数 <20 人（47.5%）

C. 学生数为 20~40 人（30.5%）

D. 学生数 >40 人（0）

12. 你参加的数学补习班，是哪种类型的教师授课？（多选）

A. 自己的数学教师（11.9%）　 B. 校外培训机构的专职教师（25.4%）

C. "小饭桌"老师（18.6%）　　 D. 在校大学生（5.1%）

E. 其他教师（本校在职或其他学校的教师等）（33.9%）

13. 你参加的数学补习班，常常以什么样的形式授课？（多选）

A. 先做试卷，教师再讲评（37.3%）

B. 教师讲新的知识点，学生记笔记（50.8%）

C. 教师出题，学生小组讨论获得结论（20.3%）

14. 目前，你参加的数学补习班一个月总费用大约是多少？

统计结果：最少 0 元，最多 1000 元，平均值 329.44 元。

15. 目前，你参加的校外数学补习班中，往返时间是否超过 1 小时？

A. 超过 1 小时（35.6%）　　　B. 没有 1 小时（45.8%）

C. 学生没有回答（18.6%）

16. 在参加校外补习班的过程中，你的父母都为你做过哪些事情？

选项	A. 是	B. 不是	C. 学生没有回答
（1）开车或骑车接送你参加校外补习班	52.5%	33.9%	13.6%
（2）与补习班的老师交流你在课堂上的表现等情况	61.0%	25.4%	13.6%
（3）关心你上补习课的情况，具体询问你上课的内容	74.6%	11.9%	13.5%

17. 补习班学习的数学内容与在学校学习的数学内容是否有重复的地方？重复的比例大约是多少？

A. 奥数内容，与课本完全不重复（22.0%）

B. 在课本基础内容上有所提高，30%~50%重复（39.0%）

C. 与课本基础知识70%以上重复（18.6%）

D. 学生没有回答（20.4%）

18. 针对你在学校和参加数学补习班的表现，判断以下情况是否与你相符合？

选项	A. 符合	B. 不符合	C. 学生没有回答
（1）补习班中上课的内容，没有参加之前就基本上已经掌握	35.6%	49.2%	15.2%
（2）对于补习班中讲授的内容，基本上可以理解	69.5%	15.3%	15.2%
（3）认真对待补习班的作业并按时完成，没有理解的知识点会询问补习班的老师	78.0%	13.6%	8.4%
（4）在学校上数学课前能自觉预习	62.7%	33.9%	3.4%
（5）在学校上课时认真听讲，能够理解老师上课所讲的内容	78.0%	16.9%	5.1%

续表

选项	A. 符合	B. 不符合	C. 学生没有回答
（6）课后认真复习，能独立完成家庭作业	78.0%	16.9%	5.1%
（7）在父母指导下能有计划地自学奥数内容，与同学、老师讨论	42.4%	52.5%	5.1%
（8）在学校学习数学时轻松愉快	72.9%	22.0%	5.1%
（9）经常与学校数学老师谈心，喜欢老师的教学风格	49.2%	45.8%	5.0%
（10）在学校的数学成绩会如实告诉父母	86.4%	8.5%	5.1%

19. 对于以下情况你会选择自己就读的学校还是校外补习班？

选项	A. 自己就读的学校	B. 校外补习班	C. 学生没有回答
（1）数学课堂学习有趣，老师授课容易理解	79.7%	16.9%	3.4%
（2）数学学习内容适合自己	76.3%	20.3%	3.4%
（3）你喜欢的数学教学方式	78.0%	18.6%	3.4%
（4）你喜欢的数学老师	72.9%	23.7%	3.4%
（5）遇到困难，你愿意请教的数学老师	71.2%	25.4%	3.4%
（6）对提高数学成绩有帮助	71.2%	25.4%	3.4%
（7）能够获得数学学习能力	84.7%	11.9%	3.4%

20. 你今后打算长期参加校外数学补习班吗？

A. 会（35.6%）　　　　　　B. 不会（59.3%）

C. 学生没有回答（5.1%）

21. 你知道数学思想吗？是在学校还是在补习班知道的？（比如：化繁为简思想，符号化思想等）

A. 完全不知道（18.6%）　　B. 在学校课堂听老师讲过（57.7%）

C. 听补习班老师讲过（20.3%）　D. 学生没有回答（3.4%）

22. 你知道数学中的数形结合思想吗？是在学校还是在补习班知道的？

A. 完全不知道（35.6%）　　　B. 在学校课堂听老师讲过（40.7%）

C. 听补习班老师讲过（20.3%）　D. 学生没有回答（3.4%）

23. 你会使用画线段图的方法解决数学疑难问题吗？（多选）

A. 不太会画线段图，不喜欢（1.7%）

B. 学校老师教过用画线段图解题（40.7%）

C. 补习老师教过用画线段图解题（33.9%）

D. 会灵活使用画线段图解题（57.6%）

三、三类校数据统计

关于"小学数学校外补习与校内学习"情况的调查

单纯统计结果（三类校）

$N = 60$

调查年级样本分布情况（百分比）

年级	五年级	六年级
百分比	60.0%	40.0%

针对学生自身和家庭基本情况的调查（百分比）

1. 你的性别是？

A. 男（45.0%）　　　　　B. 女（55.0%）

2. 你的兄弟姐妹有几人？

A. 独生子女（36.7%）　　　　B.1 人（21.7%）

C.2 人及 2 人以上（41.6%）

3. 你父母分别是什么学历？

选项	A. 小学	B. 中学	C. 中专	D. 高中	E. 大专	F. 本科	G. 本科以上
父亲	25.0%	48.3%	8.3%	13.3%	5.1%	0	0
母亲	26.7%	33.3%	10.0%	21.7%	6.7%	0	1.6%

4. 你的家庭经济状况如何？

A. 父母双方均在职工作（66.7%）

B. 父母双方仅一方在职工作（21.7%）

C. 一方做生意，一方不工作（11.6%）

5. 你喜欢数学学科吗？你的数学成绩在班级中大约是什么水平？

A. 喜欢且成绩优秀（16.7%）　　B. 喜欢，成绩中上等（41.7%）

C. 一般，成绩中下等（40.0%）　D. 不喜欢，成绩不理想（1.6%）

针对是否参加校外数学补习情况的调查（百分比）

6. 你从几年级开始参加校外数学补习班的？

A. 小学一年级（1.7%）　　　　B. 小学二年级（10.0%）

C. 小学三年级（21.7%）　　　D. 小学四年级（8.3%）

E. 小学五年级（25.0%）　　　F. 小学六年级（8.3%）

G. 至今还没有参加任何校外数学补习班（25.0%）

7. 你目前是否在校外参加了数学补习班？

A. 参加了 2 个数学补习班（5.0%）

B. 参加了 1 个数学补习班（56.7%）

C. 没有参加数学补习班（38.3%）

8. 你参加数学补习班的原因是什么？（多选）

A. 数学成绩不理想，想通过参加补习班以提高成绩（40.0%）

B. 希望提前学习新学年的内容（例：五年级升六年级的同学，提前学习六年级的内容）（16.7%）

C. 数学成绩优秀，但想通过学习奥数保持和进一步提高成绩（15.0%）

D. 希望学习新的巧妙的解题思路和学习方法（43.3%）

9. 你参加数学补习班是自愿的，还是有他人要求你参加？

A. 自愿参加（51.7%）　　　　B. 父母或老师的要求（41.7%）

C. 学生没有回答（6.6%）

10. 你每周参加数学补习班的时间约为多少？（每次时长为 2 小时）

A. 每周 1 次（50.0%）　　　　B. 每周 2 次（16.7%）

C. 每周 3 次（8.3%）　　　　D. 每周 3 次以上（16.7%）

E. 学生没有回答（8.3%）

11. 你参加的数学补习班每班有多少人？（多选）

A. 一对一辅导（20.0%）

B. 学生数 <20 人（33.3%）

C. 学生数为 20~40 人（36.7%）

D. 学生数 >40 人（3.3%）

12. 你参加的数学补习班，是哪种类型的教师授课？（多选）

A. 自己的数学教师（11.7%）　B. 校外培训机构的专职教师（23.3%）

C. "小饭桌"老师（35.0%）　　D. 在校大学生（11.7%）

E. 其他教师（本校在职或其他学校的教师等）（25.0%）

13. 你参加的数学补习班，常常以什么样的形式授课？（多选）

A. 先做试卷，教师再讲评（46.7%）

B. 教师讲新的知识点，学生记笔记（40.0%）

C. 教师出题，学生小组讨论获得结论（28.3%）

14. 目前，你参加的数学班一个月补习总费用大约是多少？

统计结果：最少 0 元，最多 2800 元，平均值 507.67 元。

15. 目前，你参加的校外数学补习班中，往返时间是否超过 1 小时？

A. 超过 1 小时（50.0%）　　　B. 没有 1 小时（41.7%）

C. 学生没有回答（8.3%）

16. 在参加校外补习班的过程中，你的父母都为你做过哪些事情？

选项	A. 是	B. 不是	C. 学生没有回答
（1）开车或骑车接送你参加校外补习班	51.7%	41.7%	6.6%
（2）与补习班的老师交流你在课堂上的表现等情况	76.7%	15.0%	8.3%
（3）关心你上补习课的情况，具体询问你上课的内容	73.3%	18.4%	8.3%

17. 补习班学习的数学内容与在学校学习的数学内容是否有重复的地方？重复的比例大约是多少？

A. 奥数内容，与课本完全不重复（10.0%）

B. 在课本基础内容上有所提高，30%~50%重复（66.7%）

C. 与课本基础知识70%以上重复（16.6%）

D. 学生没有回答（6.7%）

18. 针对你在学校和参加数学补习班的表现，判断以下情况是否与你相符合？

选项	A. 符合	B. 不符合	C. 学生没有回答
（1）补习班中上课的内容，没有参加之前就基本上已经掌握	31.7%	63.3%	5.0%
（2）对于补习班中讲授的内容，基本上可以理解	91.7%	3.3%	5.0%
（3）认真对待补习班的作业并按时完成，没有理解的知识点会询问补习班的老师	83.3%	11.7%	5.0%
（4）在学校上数学课前能自觉预习	43.3%	56.7%	0
（5）在学校上课时认真听讲，能够理解老师上课所讲的内容	76.7%	23.3%	0
（6）课后认真复习，能独立完成家庭作业	86.7%	13.3%	0
（7）在父母指导下能有计划地自学奥数内容，与同学、老师讨论	30.0%	70.0%	0

选项	A. 符合	B. 不符合	C. 学生没有回答
（8）在学校学习数学时轻松愉快	63.3%	36.7%	0
（9）经常与学校数学老师谈心，喜欢老师的教学风格	55.0%	45.0%	0
（10）在学校的数学成绩会如实告诉父母	90.0%	10.0%	0

19. 对于以下情况你会选择自己就读的学校还是校外补习班？

选项	A. 自己就读的学校	B. 校外补习班
（1）数学课堂学习有趣，老师授课容易理解	68.3%	31.7%
（2）数学学习内容适合自己	66.7%	33.3%
（3）你喜欢的数学教学方式	76.7%	23.3%
（4）你喜欢的数学老师	73.3%	26.7%
（5）遇到困难，你愿意请教的数学老师	61.7%	38.3%
（6）对提高数学成绩有帮助	56.7%	43.3%
（7）能够获得数学学习能力	78.3%	21.7%

20. 你今后打算长期参加校外数学补习班吗？

A. 会（35.0%）　　　　　　B. 不会（63.3%）

C. 学生没有回答（1.7%）

21. 你知道数学思想吗？是在学校还是在补习班知道的？（比如：化繁为简思想，符号化思想等）

A. 完全不知道（18.3%）　　B. 在学校课堂听老师讲过（60.0%）

C. 听补习班老师讲过（21.7%）

22. 你知道数学中的数形结合思想吗？是在学校还是在补习班知道的？

A. 完全不知道（18.3%）　　B. 在学校课堂听老师讲过（63.3%）

C. 听补习班老师讲过（18.4%）

23. 你会使用画线段图的方法解决数学疑难问题吗？（多选）

A. 不太会画线段图，不喜欢（11.7%）

B. 学校老师教过用画线段图解题（48.3%）

C. 补习老师教过用画线段图解题（30.0%）

D. 会灵活使用画线段图解题（50.0%）

四、针对三类学校数据的简要分析

将10所学校按照地域差异、社会声誉、教学质量抽测分为三类，分析统计数据得到以下结论：（1）父母最高学历，一类校和二类校较高，且都高于三类校，差距较大。（2）学生对自我是否喜欢数学及数学水平的评价，一类校高于二类校，二类校高于三类校，如认定数学成绩水平的比例一类校与三类校差距明显。（3）关于补习内容，一类校学生补习内容侧重奥数或者是提高习题，与学校教学内容重复部分较少，而三类校学生数学补习重复内容较多。（4）家长承担的经济付出三类校最高，一类校其次，二类校最低。

第三节　整体数据统计与简要分析

一、五、六年级同一数据统计

关于"小学数学校外补习与校内学习"情况的调查

单纯统计结果（总计）

$N = 218$

各学校调查样本分布情况（百分比）

学校	山南小学	雨山实验小学	南山小学	四村小学	九村小学	雨山中心小学	新工房小学	湖东路二小	师苑小学	含山环峰小学
百分比	11.5%	11.0%	5.5%	11.0%	6.0%	11.0%	11.0%	11.9%	11.0%	10.1%

调查年级样本分布情况（百分比）

年级	五年级	六年级
百分比	55.5%	44.5%

针对学生自身和家庭基本情况的调查（百分比）

1. 你的性别是?

A. 男（53.2%）　　　　　　B. 女（46.8%）

2. 你的兄弟姐妹有几人?

A. 独生子女（59.2%）　　　　B. 1人（13.3%）

C. 2人及2人以上（27.1%）　　D. 学生没有回答（0.4%）

3. 你父母分别是什么学历？

选项	A. 小学	B. 中学	C. 中专	D. 高中	E. 大专	F. 本科	G. 本科以上	H. 学生没有回答
父亲	10.1%	30.7%	4.6%	23.9%	15.1%	10.1%	5.0%	0.5%
母亲	16.5%	24.3%	12.8%	22.0%	13.3%	4.6%	6.0%	0.5%

4. 你的家庭经济状况如何？

A. 父母双方均在职工作（67.4%）

B. 父母双方仅一方在职工作（21.2%）

C. 一方做生意，一方不工作（9.6%）

D. 学生没有回答（1.8%）

5. 你喜欢数学学科吗？你的数学成绩在班级中大约是什么水平？

A. 喜欢且成绩优秀（20.2%）　　B. 喜欢，成绩中上等（43.6%）

C. 一般，成绩中下等（32.6%）　D. 不喜欢，成绩不理想（3.1%）

E. 学生没有回答（0.5%）

针对是否参加校外数学补习情况的调查（百分比）

6. 你从几年级开始参加校外数学补习班的？

A. 小学一年级（4.6%）　　　　B. 小学二年级（8.7%）

C. 小学三年级（22.0%）　　　 D. 小学四年级（17.0%）

E. 小学五年级（21.6%）　　　 F. 小学六年级（6.8%）

G. 至今还没有参加任何校外数学补习班（19.3%）

7. 你目前是否在校外参加了数学补习班？

A. 参加了2个数学补习班（7.8%）

B. 参加了1个数学补习班（62.4%）

C. 没有参加数学补习班（29.8%）

8. 你参加数学补习班的原因是什么？（多选）

A. 数学成绩不理想，想通过参加补习班以提高成绩（28.4%）

B. 希望提前学习新学年的内容（例：五年级升六年级的同学，提前学习六年级的内容）（25.2%）

C. 数学成绩优秀，但想通过学习奥数保持或进一步提高成绩（21.6%）

D. 希望学习新的巧妙的解题思路和学习方法（46.3%）

9. 你参加数学补习班是自愿的，还是有他人要求你参加？

A. 自愿参加（53.7%）　　　　　B. 父母或老师的要求（36.2%）

C. 学生没有回答（10.1%）

10. 你每周参加数学补习班的时间约为多少？（每次时长为 2 小时）

A. 每周 1 次（57.3%）　　　　　B. 每周 2 次（16.5%）

C. 每周 3 次（2.8%）　　　　　　D. 每周 3 次以上（12.8%）

E. 学生没有回答（10.6%）

11. 你参加的数学补习班每班有多少人？（多选）

A. 一对一辅导（13.3%）

B. 学生数 <20 人（46.3%）

C. 学生数为 20～40 人（30.7%）

D. 学生数 >40 人（4.1%）

12. 你参加的数学补习班，是哪种类型的教师授课？（多选）

A. 自己的数学教师（9.2%）　　　B. 校外培训机构的专职教师（30.3%）

C. "小饭桌"教师（21.1%）　　　D. 在校大学生（6.9%）

E. 其他教师（本校在职或其他学校的教师等）（33.5%）

13. 你参加的数学补习班，常常以什么样的形式授课？（多选）

A. 先做试卷，教师再讲评（38.5%）

B. 教师讲新的知识点，学生记笔记（49.1%）

C. 教师出题，学生小组讨论获得结论（30.7%）

14. 目前，你参加的数学补习班一个月总费用大约是多少？

统计结果：最少 0 元，最多 2500 元，平均值 425.34 元。

15. 目前，你参加的校外数学补习班中，往返时间是否超过 1 小时？

A. 超过 1 小时（44.5%）　　　　B. 没有 1 小时（43.6%）

C. 学生没有回答（11.9%）

16. 在参加校外补习班的过程中，你的父母都为你做过哪些事情？

选项	A. 是	B. 不是	C. 学生没有回答
（1）开车或骑车接送你参加校外补习班	64.2%	27.5%	8.3%
（2）与补习班的老师交流你在课堂上的表现等情况	69.7%	21.1%	9.2%
（3）关心你上补习课的情况，具体询问你上课的内容	75.2%	15.6%	9.2%

17. 补习班学习的数学内容与在学校学习的内容是否有重复的地方？重复的比例大约是多少？

A. 奥数内容，与课本完全不重复（21.1%）

B. 在课本基础内容上有所提高，30%～50%重复（49.5%）

C. 与课本基础知识70%以上重复（18.3%）

D. 学生没有回答（11.1%）

18. 针对你在学校和参加数学补习班的表现，判断以下情况是否与你相符合？

选项	A. 符合	B. 不符合	C. 学生没有回答
（1）补习班中上课的内容，没有参加之前就基本上已经掌握	31.7%	61.0%	7.3%
（2）对于补习班中讲授的内容，基本上可以理解	83.5%	9.2%	7.3%
（3）认真对待补习班的作业并按时完成，没有理解的知识点会询问补习班的老师	78.9%	14.2%	6.9%
（4）在学校上数学课前能自觉预习	56.4%	42.7%	0.9%
（5）在学校上课时认真听讲，能够理解老师上课所讲的内容	82.1%	16.5%	1.4%
（6）课后认真复习，能独立完成家庭作业	82.1%	16.5%	1.4%
（7）在父母指导下能有计划地自学奥数内容，与同学、老师讨论	40.4%	58.2%	1.4%
（8）在学校学习数学时轻松愉快	72.0%	26.6%	1.4%
（9）经常与学校数学老师谈心，喜欢老师的教学风格	51.8%	46.8%	1.4%
（10）在学校的数学成绩会如实告诉父母	92.2%	6.4%	1.4%

19. 对于以下情况你会选择自己就读的学校还是校外补习班？

选项	A. 自己就读的学校	B. 校外补习班	C. 学生没有回答
（1）数学课堂学习有趣，老师授课容易理解	76.6%	22.0%	1.4%
（2）数学学习内容适合自己	74.8%	23.8%	1.4%
（3）你喜欢的数学教学方式	78.0%	20.6%	1.4%
（4）你喜欢的数学老师	74.8%	23.8%	1.4%
（5）遇到困难，你愿意请教的数学老师	64.2%	34.4%	1.4%
（6）对提高数学成绩有帮助	62.8%	35.8%	1.4%
（7）能够获得数学学习能力	73.9%	24.8%	1.3%

20. 你今后打算长期参加校外数学补习班吗？

    A. 会（45.0%）   B. 不会（52.3%）

    C. 学生没有回答（2.7%）

21. 你知道数学思想吗？是在学校还是在补习班知道的？（比如：化繁为简思想，符号化思想等）

    A. 完全不知道（15.6%）   B. 在学校课堂听老师讲过（56.4%）

    C. 听补习班老师讲过（25.2%） D. 学生没有回答（2.8%）

22. 你知道数学中的数形结合思想吗？是在学校还是在补习班知道的？

    A. 完全不知道（24.8%）   B. 在学校课堂听老师讲过（53.2%）

    C. 听补习班老师讲过（20.2%） D. 学生没有回答（1.8%）

23. 你会使用画线段图的方法解决数学疑难问题吗？（多选）

    A. 不太会画线段图，不喜欢（10.6%）

    B. 学校老师教过用画线段图解题（42.2%）

    C. 补习老师教过用画线段图解题（30.7%）

    D. 会灵活使用画线段图解题（50.5%）

二、部分问题五、六年级数据对比统计

针对下面10个问题，将五、六年级数据进行对比：

选项	年级	A. 符合	B. 不符合	C. 学生没有回答
（1）补习班中上课的内容，没有参加之前就基本上已经掌握	五年级	31.4%	55.4%	13.2%
	六年级	32.0%	68.0%	0
（2）对于补习班中讲授的内容，基本上可以理解	五年级	77.7%	9.1%	13.2%
	六年级	90.7%	9.3%	0
（3）认真对待补习班的作业并按时完成，没有理解的知识点会询问补习班的老师	五年级	73.6%	14.0%	12.4%
	六年级	85.6%	14.4%	0
（4）在学校上数学课前能自觉预习	五年级	57.8%	40.5%	1.7%
	六年级	54.6%	45.4%	0
（5）在学校上课时认真听讲，能够理解老师上课所讲的内容	五年级	81.0%	16.5%	2.5%
	六年级	83.5%	16.5%	0

选项	年级	A. 符合	B. 不符合	C. 学生没有回答
（6）课后认真复习，能独立完成家庭作业	五年级	81.8%	15.7%	2.5%
	六年级	82.5%	17.5%	0
（7）在父母指导下能有计划地自学奥数内容，与同学、老师讨论	五年级	33.9%	63.6%	2.5%
	六年级	48.5%	51.5%	0
（8）在学校学习数学时轻松愉快	五年级	71.9%	25.6%	2.5%
	六年级	72.2%	27.8%	0
（9）经常与学校数学老师谈心，喜欢老师的教学风格	五年级	48.7%	48.8%	2.5%
	六年级	55.7%	44.3%	0
（10）在学校的数学成绩会如实告诉父母	五年级	90.9%	6.6%	2.5%
	六年级	93.8%	6.2%	0

三、"影子教育"与小学数学学习

1. "影子教育"的概念

"影子教育"这一概念 Stevenson Baker 于 1992 年提出，其根据是日本高中学生为进入期望的大学在校外接受以提高成绩为目的的教育内容。"影子教育"作为主流教育的"影子"而存在，伴随主流教育的规模和发展情况而发展。王有升将我国课外进行的教育命名为"补习教育"。补习教育的定义中，不仅包含与学校教育有关的课程，也包括特长教育，同时还包含有偿辅导与无偿辅导。2007 年，"影子教育"这个概念首次进入我国，"影子教育"所进行的场所被大众称作"补习班"。

"影子教育"，即以中小学生为对象，针对学术科目，进行有偿性质的教育。2004 年，某调查数据显示，我国的城市地区有 55.5% 的学生正在接受补习教育。2015 年，我国首都师范大学的调查数据显示，有 75.2% 的小学生和 71.0% 的中学生正在接受"影子教育"。因此，在我国，接受"影子教育"的学生正在逐渐增加。

2. "影子教育"的利弊分析

我国的"影子教育"对于社会与学校有很多有利的方面，比如，"影子教育"作为主流教育的补充辅助，减轻了家长的负担。对于不能指导孩子课后作业的家长来说，将孩子交给补习班的教师，能使得孩子的问题可以更好地得到解决。"影子教育"也想通过丰富的教学内容与多样的教育形式，促进孩子的全面发展。在人数比较少的补习班中，教师可对学生进行个别指导，帮助他们发展个性，增强自信心和自尊心。另外，"影子教育"的发展还能够增加补习班教师的就业机会，也给在外兼职的大学生提供了锻炼的平台。

然而，"影子教育"在发挥它的价值的同时也有不利方面。对于一个孩子而言，能否接受"影子教育"取决于其家庭的经济状况，所以对于家庭经济状况贫困的孩子来说，可能无法接受"影子教育"的培养。除此之外，地区经济发展的差距也影响着孩子能否接受"影子教育"。另外，在周末参加"影子教育"的孩子们，失去了运动、休息和娱乐的时间。这样发展下的"影子教育"对孩子们来说可能成为一个负担，同时，"影子教育"产生的费用也会对家庭经济状况造成影响。

"影子教育"在对孩子和家庭造成影响的同时，也对主流的学校教育产生了负面影响。参加"影子教育"的学生中，出现因睡眠不足在学校课堂上睡觉的情况；同时，补习班学习的内容与学校课堂教学的内容相同时，会出现学生在学校课堂上不认真听课的现象，慢慢地，相对于学校课堂来说，学生会更依赖于"影子教育"。这样一来，对于公共教育资源的学校来说，这是一种资源浪费。学生对"影子教育"越来越依赖，学校的教师将自己的教学内容越来越多地注入自己所在的补习班，这是值得我们思考的问题。

3. "影子教育"与小学数学学习

本次调研内容涉及家长的文化程度、学生对数学水平的自我评价、参加补习的理由、补习学校的教学内容、对补习教师的教学评价、对补习效果的评价等诸多方面。2016年暑假及上学期间，我市约有70%的学生参加了补习教育。对于小学而言，数学是热门的补习学科。小学生补习数学的时间较长，频率也很高，一部分学生从一年级就开始参加补习班，以致多数学生的课外时间被课外补习班所占据。目前，"影子教育"的学习范围倾向于学校实施的考试科目，主要以20人以内的小班居多。

如果将参加数学补习班的学生与不参加补习班的学生进行对比，参加补习班（主要是学奥数或提高性内容）的学生比不参加补习班的学生对学校的教学能更加认真对待，这类学生大多是喜欢学数学，因此，他们不仅认真对待补习班的学习，更认真对待学校的课程。

但是，从参加数学补习班的学生对学校的认识和态度可以看出，参加补习班还是大量地占用了他们的课外时间，使得他们的空闲时间很少，而且参加补习班的学生认为，补习能提高考试成绩，所以他们很依赖课外补习班。同时，一些家长会经常联系补习老师，提出考试成绩上的要求，给补习老师以压力，而对于学校老师，家长一般不提硬性要求。

"影子教育"作为学校教育的影子，即对课堂学习的补充，对学生的学习有一定的帮助。从调查结果来看，上课人数较少的课外补习班，无论是对成绩好的还是对成绩一般的学生来说，在提高学校教育的学力水平方面都是有帮助的。与"影子教育"对学校教育有一定的帮助的同时，也有一些不好的影响。根据调查，如果课外补习能帮助学生提高成绩，那么学生会明显表现出对补习班的依赖，而且高年级学生会对自己学校的授课教师做出负面评价，从而产生对学校教师不满的情绪。

作为小学数学教育工作者，作为学校在职数学教师，如何有效提高学生学习数学的兴趣、让学生掌握解决问题的方法、培养学生的创造性思维、整体提高学生的数学学业水平，是值得思考的问题。小学数学教学应该有宽松的、利于学生个性发展的空间和时间，在数学学习中保护好学生的好奇心并激发他们的想象力，让教师与学生在价值取向上都应该有更高的追求，避免短期功利主义。因此，小学数学学习中，我们采用数形结合的思想方法培养学生的创造性思维，正是基于以上思考产生的。

参考文献

赵霞. 中国和韩国的影子教育比较研究［D］. 上海：华东师范大学，2013.

第二章 内涵界定：
小学数学中的数形结合

一直以来，数学学习存在这样的现象：低年级的成绩整齐划一，高年级的成绩严重两极分化，为了提高数学成绩，家长不惜代价将孩子送入课外补习班，最后效果也不是特别明显。那么，小学生在数学学习中遇到了哪些困难？学校数学教学应该为此做哪些改进？小学数学课堂应该让学生看到什么？感悟到什么？应该培养学生哪些能力？这是值得我们深入思考的问题。

第一节 小学数学数形结合的内涵与特征

运算能力、空间想象能力、逻辑思维能力是中小学生数学能力的基本内容，也可以称为数学的三种特殊能力。1952 年、1963 年、1978 年、1992 年、1996 年、2001 年、2013 年的数学教学大纲或课程标准中都坚持上述观点。运算能力离不开数和数量关系，空间想象能力与图形相关，数与形一一对应是从直观到抽象，逐步提升逻辑思维能力。华罗庚先生于 1964 年的报告《谈谈与蜂房结构有关的数学问题》中有一首小词："数与形，本是相倚依，焉能分作两边飞。数无形时少直觉，形少数时难入微。数形结合百般好，隔离分家万事非。切莫忘，几何代数统一体，永远联系，切莫分离！"

数形结合思想是一种重要的数学思想，对基础教育界产生了深远的影响，是教育者思考问题的模式。小学阶段的 6～12 岁儿童以形象思维见长，正是培养学生数形结合思想的良好阶段。培养学生数形结合思想的应用意识，就是让学生认识到生活中蕴含大量与数量和图形相关的问题，并能运用数形结合思想将二者相互转化。"数形结合"能根据数学问题的条件和结论的内在联系，既分析其代数意义，又揭示其几何直观，使数量关系的精确刻画与空间形式的直观形象巧妙、和谐地结合在一起，其实质是将抽象的数学语言与直观的图像结合起来，通过"以数解形""以形助数"，使问题化难为易、化繁为简，从而得到解决。数形结合思想在小学数学问题解决中应用广泛，巧妙运用还可以起到事半功倍的效果。

一、数形结合与几何直观

数形结合与几何直观存在怎样的关系？两者之间有重叠、有不同[1]。在涉及的对象方面，几何直观中的"形"包含数形结合中的"形"，几何直观是借助图形展开的思维活动，直观思维是其核心和重点。在应用目标指向上，数形结合和几何直观都是分析解决问题的策略。几何直观借助图形并超越图形展开思维活动，重在解决问题的思路与途径；数形结合指向解题结果，呈现"解题化"倾向。《义务教育数学课程标准（2011 年版）》中指出，"几何直观主要是指利用图形描述和分析问题"。数形结合一般指数学研究的两类对象"数"和"形"之间的关系，数形结合思想是通过数和形之间的对应关系和相互转化来解决问题的思想方法。通常会把小学数学里利用图形（几何图形，如线段图、平面图形或独立图形）来描述和分析问题称为几何直观，会把"数"和"形"之间的关系，如数轴、数对确定位置或正反比例图像称为数形结合。其实很难说前者不是数形结合，后者不是几何直观。

二、本书关于小学数学数形结合内涵的界定

从广义层面来说，几何直观可看作数形结合的部分。数形结合研究的基本对象即"数"与"形"，利用数形结合方法能使"数"和"形"统一起来，借助直观的"形"来理解抽象的"数"，运用"数"与"式"来细致入微地刻画"形"的特征，从而有效地解决问题。

数形结合研究的基本方法[2]。数形结合方法实质上是把数学问题中的运算、数量关系等与几何图形或图像结合起来进行思考。本书研究的案例均来自于 2013 年人教版小学数学 1—12 册教材涉及的数形结合典型教学内容，意在培养学生敏感主动的数形结合意识，发展学生的形象思维与逻辑思维，增强学生解决问题的灵活性，提升学生的数学素养。

由于低年级阶段学习对象的特殊性，学习数学知识初期要以形助数，借助形的生动和直观来阐明数与数之间的联系，建立起数的基本概念，即通过具体的物（形）建立起初步的比较长短、多少、高矮等较为抽象的数学概念，

这里形为手段，数为目的。以数助形——借助数的简洁性和概括性来提炼事物（图形）的本质，数为手段，形为目的。随着年龄增长，当学生经历了"实物图把握"到"数学图形把握"再到"符号把握"智力发展的三个阶段后，他们的思维能力会得到提高，数与形结合的思想将运用得更加广泛与深入。

因此，针对如何培养学生敏感主动的数形结合意识、发展学生的形象思维与逻辑思维、增强学生解决问题的灵活性、全面提升学生的数学素养，本书提出要在小学阶段重视培养学生的数形结合思想，价值取向是：让数形结合思想服务于学生，服务于学生思维能力的培养，服务于学生核心素养的培养，促进学生的终身发展。

三、教材中有关数形结合教学内容的梳理

梳理人教版小学数学 1—12 册教材中涉及的数形结合内容，大致分成以下 8 类：

（1）数的认识。如：借助数轴、直尺、几何图形和统计图认识分数、小数，用几何模型表示计数单位，用百数表理解数的排列规律等。以数轴为例，数轴是数形结合最基本的载体，结合数的认识体会数轴上的点与数的意义的对应关系，数轴是数形结合思想最基础的渗透。

（2）计算算理。如：有余数除法、笔算乘法、分数加减乘除计算等。

（3）运算定律。如：加法乘法运算律、乘法口诀、完全平方和公式等。

（4）认识图形。如：平面图形，几何体周长、面积和体积的计算公式，面积单位转化，多边形内角和的计算等。

（5）函数思想。如：数对表示平面图形中点的位置，初步体会数对与点的意义的对应关系；用正反比例关系绘制的图像弯曲程度表示两个变量之间的发展规律与趋势等。

（6）典型问题。如：借助线段图解决植树问题等，是利用图形描述分析问题。借助几何直观把复杂的问题变得简明、形象，有助于学生探索解决问题的思路，帮助他们直观地理解数学问题。利用图形描述分析问题，最直接的方式是用线段图或示意图把抽象的数学问题直观地表示出来，进而使条件与问题的关系准确地呈现出来。

（7）统计图表。如：条形统计图、折线统计图、扇形统计图等。

（8）探寻规律。寻找数与形的变化规律，如：和的奇偶性、图形变化规律、数与形的对立关系、等比分数求和等。

第二节　小学数学数形结合的表达方式

形是数的直观呈现，数是形的逻辑表达。把形象思维与逻辑思维有机地结合起来，让学生做到数中有形、形中有数，培养学生的辩证思维能力。教学中如何渗透数形结合思想？在课堂表达中如何突显"数与形"的密切联系？如何实现形象思维向抽象思维的转化？所谓形象思维主要是用直观形象和表象解决问题的思维。特点是具有形象性、完整性和跳跃性，其基本单位是表象。抽象思维是思维的高级形式，又称逻辑思维。主要特点是通过分析、综合、抽象、概括等基本方法的协调运用，揭示事物之间本质和规律性的联系。若要让学生借助数形结合实现形象思维向抽象思维的转化，就必须了解数形结合的具体表达方式。

一、以形助数的表现形式

以形助数在小学数学学习中有很多典型案例。小学数学问题解决往往需要先从众多信息中选取有效信息，再分析思考信息之间的关系。用数学语言和画图的方式描述问题信息，可以将信息的抽象叙述直观呈现出来，达到化繁为简、化难为易的目的。

（1）线段直观图表达形式。表示信息与数量关系的线段就是线段图。线段图是最常见的数形结合的表达方式，是理解抽象数量关系的形象化、视觉化的工具。所以，解决问题时，对比线段图易于理解算式中每一个符号的意义。

如：李奶奶卖鸡蛋，上午卖出总数的一半多10个，下午又卖出余下的一半多10个，最后还剩下65个鸡蛋。问李奶奶原有鸡蛋多少个？

线段图形象生动地描述了原问题，显然问题的解决得以简单化。

（2）象形直观图表达形式。为区别线段图，把表示数量关系的象形图称为象形直观图。图形演示，目的不在于形，因为形只是手段，这里数形结合的目的在于更好地理解数学概念、解决数学问题。

如：现行教材将"鸡兔同笼"教学调整到四年级下学期，用"假设法"解决这部分内容。

教学这部分内容时，先画 8 个圆，表示 8 只动物，假设全是兔；再给每个圆画 4 条腿，共画了 32 条腿。这比实际多了 32 − 26 = 6（条）腿，把多余的腿去掉，若每个圆去 2 条腿，则 6 条腿可以去 6 ÷ 2 = 3（只）动物。易知只有 2 条腿的 3 只动物，是鸡；而有 4 条腿的 5 只动物，是兔。

再如："植树问题"教学片段，要模拟植树，画出线上植树的三种情况。用"——"表示一段路，用"Ｙ"表示一棵树。

①Ｙ＿＿Ｙ＿＿Ｙ＿＿Ｙ　　两端都种

②Ｙ＿＿Ｙ＿＿Ｙ＿＿Ｙ＿＿或＿＿Ｙ＿＿Ｙ＿＿Ｙ＿＿Ｙ　　　一端栽种

③＿＿Ｙ＿＿Ｙ＿＿Ｙ＿＿Ｙ＿＿　　两端都不种

两端都种：棵数 = 段数 + 1；一端栽种：棵数 = 段数；两端都不种：棵数 = 段数 − 1。

以上两个教学片段利用象形直观图帮助学生理解，将文字信息与图形融合，从而发展了学生的数学思维，掌握了数形结合思想的内含。

又如："兄弟买披萨的故事"，兄弟俩要买一块 15 寸的披萨，可是 15 寸的披萨已卖完了。于是，披萨店老板给了他们一块 9 寸的披萨和一块 6 寸的披萨，说："9 寸 + 6 寸正好等于 15 寸。"请问：这样卖，合理吗？

右图直观形象地排除了理解过程中的某些障碍，"以形助数"内化数感，在问题解决中让学生体悟对数量的直觉，帮助学生从对数量的直觉迅速反应为对数学问题的解决，使数学问题从感知层面敏捷地链接到思维层面。

（3）几何直观图表达形式。几何模型解释简单计算的算理。

如：计算：$\frac{1}{2}+\frac{1}{4}+\frac{1}{8}+\frac{1}{16}+\frac{1}{32}+\frac{1}{64}+\cdots$。

把正方形看做 1，几何图形可描述等比分数和的求法，体现极限思想。

再如：奇数、偶数的几何图形表达方式。

几何模型解释小数除以整数的算理。

如：$9.2\div4=?$　先画出整数部分 9，用一个正方形表示 1，用 9 个正方形表示 9，那么 0.2 怎么表示呢？把一个正方形平均分成 10 份，其中的两份就是 0.2；先把 9 平均分成 4 份，每份是 2 个正方形，商是 2，写在个位，还余下 1 个正方形；把余下的 1 个正方形与 0.2 合起来就是 12 个 0.1，再平均分成 4 份，每份是 0.3，所以 3 写在十分位，再在商上点上小数点，小数点对齐，得出商是 2.3。

学问始于惊异，学习过程要避免学生的求知欲、探索精神、好奇惊异之心的萌芽趋于枯竭。在理解数学知识的过程中，要深入观察直观图的演示，寻找合适的思维起点。

如：将 1000 个小正方体积木拼成的大正方体看作整体 1，平均分成 10 份，得到 1 份是 100 个小正方体积木拼成的长方体，用 0.1（或 $\frac{1}{10}$）表示；再将这 1 份平均分成 10 份，得到 1 份是 10 个小正方体积木拼成的长方体，用

0.01（或$\frac{1}{100}$）表示；最后将这1份再平均分成10份，得到1份是1个小正

方体积木，用0.001（或$\frac{1}{1000}$）表示。在数概念学习中，我们借助直观图沟

通分数与小数之间的联系。[3]

$$1 \xrightarrow[\div 10]{\frac{1}{10}} 0.1 \xrightarrow[\div 10]{\frac{1}{100}} 0.01 \xrightarrow[\div 10]{\frac{1}{1000}} 0.001$$

（4）数轴直观表达形式。学习100以内的数时，一年级学生对66接近70还是60不太明白，借助数线，逐一标出60—70，将抽象的数在线上形象直观地表示出来，将数与位置建立一一对应关系。标出数字后在60和70处画两幢房子，问："66这个数它喜欢去谁的家呢？"

看着图画，几乎所有的学生都回答："喜欢去70的家，因为66距离70比较近。"

如图，66再数4就是70，60要数6才是66，很显然是66接近70。这样，通过数线的帮助，让学生把数与形进行合理的联系，从而确定了数的范围，让学生在头脑中建立了形象的数的模型，形成了一个直观的几何表象，培养了学生的数感。以上学习过程不难发现："数"的思考、"形"的创设，既能激发学生的学习兴趣，又能有效地提高学生的数学思维水平。

数轴是帮助学生认识数、培养数感的一个重要工具。学生要用好数尺、数线或数轴，感知数与形的结合。从一年级的数线、直尺图→二年级2，3，4的乘法口诀→三年级万以内数的认识→四年级小数的意义与认识→五年级分数的认识→六年级百分数、负数的认识，处处可见数轴对于培养学生数感的

作用。

以下是教材数轴图部分内容。（依次为：一年级上册第 57 页→一年级下册第 49 页→三年级上册第 61 页→三年级上册第 97 页→四年级下册第 41 页→五年级下册第 57 页→六年级下册第 9 页。）

1.

0 1 2 3 4 □ □ 7 8 □ 10

2.

70 71 72 □ □ □ 76 □ □ 79 □

77 更接近 70 还是更接近 80？72 呢？

1. 边画边说口诀。

4. 在 □ 里填上小数。

0　　　　1　　　　2　　　　3

7. 在直线上标出下面各数的位置。

0.4　　　1.6　　　2.3　　　3.85

0　　1　　2　　3　　4　　5

5. 在直线上面的 □ 里填上适当的假分数，下面的 □ 里填上适当的带分数。

$\frac{5}{5}$　　　$\frac{10}{5}$　　　$\frac{20}{5}$

0　　1　　2　　3　　4

7. 如果把一个人先向东走 5 m 记作 +5 m，那么这个人又走 -4 m 是什么意思？这时他距离出发点有多远？在直线上表示出来。

-4 -3 -2 -1 0 1 2 3 4 5

在教学"一个数精确到十分位是 1.0，小数点后的这个 0 不能去掉"这一知识点时，教师反复强调"1 和 1.0 的大小相等，但精确度不一样"。学生记住了结论，但印象不够深刻，这里我们可以指导学生画出数轴来加深理解。

近似数是1的数的取值范围

近似数是1.0的数的取值范围

　　此图可让学生直观地感受到，近似数 1 对应的准确数取值范围更广，而近似数 1.0 对应的准确数取值范围较窄，所以精确度更高，因此小数点后的 0 不能去掉。通过灵活运用数轴，轻松地突破了教学难点，帮助学生理解了近似数 1 和 1.0 的异同点。数轴将数有规律、有方向地进行排列，将数与点建立一一对应关系，将抽象的数形象直观地表示出来，因此化抽象的数为直观的轴，帮助学生理解了数的意义、顺序和大小，让学生对数的认识更加丰富、更加立体化。可见，数轴是发展数感最基本的载体，在发展数感方面发挥着重要的作用。

　　在"24 时计时法"学习中，创造时间尺，化抽象为直观，理解时间本质。时间无始无终，具有流动性、不可逆转性、连续不可分割性的本质特征，它是一个十分抽象的概念，不像长度单位、面积单位、质量单位那样，可以通过具体事物，让人们借助视觉、触觉等感官进行感知。仿照长度单位的测量，我们创造一把时间尺，引入数轴来直观表示"时间"，将抽象的、不断流逝的时间与直观的数轴建立起联系，将"时刻"与数轴时间尺上的"点"建立一一对应。具体做法是：利用多媒体把一天中时针第一圈的运行轨迹取下拉直形成第一把时间尺，再把时针第二圈的运行轨迹拉直形成第二把时间尺，把两把时间尺拼接在一起便是一天 24 时的时间尺，引导学生根据时间尺上标出的 12 时计时法，自主创造 24 时计时法所表示的整点时刻。这样，将"时刻"与时间尺上的"点"一一对应起来，把抽象的、不断流逝的时间与直观的时间尺建立联系，帮助学生更好地理解一天的开始是 0 时，也是前一天的结束 24 时。同时，还可以帮助学生理解两种计时法相互转化的方法及由来。为什么要加上 12 呢？那是因为时针已经转了整整一圈，也就是 12 个小时，所以在表示第二圈的时间时要加上 12。因此，一把时间尺，化抽象为直观，将不断流逝的时间镌刻在了学生的记忆深处。

（5）直角坐标系图像表达形式。直角坐标系是建立"数对"与平面上"点"之间的一一对应关系，是学生进一步理解数形结合思想的又一载体。在此过程中，学生初步体验到，有了坐标系（参照点即原点、相互垂直的带有方向的两条直线、每条直线上规定单位长度）后整个平面就"结构化"了，可以用一对有顺序的"数"来唯一地确定平面上的一个"点"。

如：六年级正反比例图像：判断两个量是不是成正比例的量，要具备哪几个条件？引导学生用言语、图像、关系式等不同方式加以表征，以揭示概念的本质，加深对概念的理解。成正比例关系的要点：有两个量，且是相关联的量，一个量随着另一个量的变化而变化，两个量之间的比值不变。在此基础上，揭示什么是成正比例的量（如总价与数量），什么是成正比例关系（如总价与数量的关系）。只要是成正比例关系的式子，画在坐标系中就是一条直线，学生可体会图形与函数密不可分的关系。最后，教材利用数学化的字母符号来表征这一变化规律，使学生体会抽象与模型相结合的数学思想。

2　例1的实验结果可以用下面的图像表示。

体积/cm³

反比例关系也可以用图像来表示。例如，例3表格中的数据可以用左边的图像表示。

（1）从图中你发现了什么？
（2）不计算，根据图像判断，如果杯中水的高度是7 cm，那么水的体积是多少？225 cm³的水有多高？

再如：小学阶段的统计图。主要包括：条形统计图、折线统计图、扇形统计图，这些统计图均体现了数形结合思想。

航模小组甲、乙模型飞机一次飞行中飞行时间和高度情况的折线统计图

—— 甲飞机
---- 乙飞机

高度（米）

时间（秒）

二、以数解形的表现形式

图形蕴含着数量关系，所以平面图形、几何体的特征可以借助数的数量关系来表示，即借助数的精确性来阐明形的属性、表示形的特征和对形进行求积运算。如平面图形的周长和面积的计算，几何体的特征、表面积和体积计算，都可以借助代数的运算将平面图形和几何体的问题化难为易，即"以数解形"。

（1）用"数"精确描述形的特征。"形"具有直观形象的优势，但也有其粗略和不便于表达的劣势。只有以简洁的数字描述、形式化的模型表达形的特点，才能更好地体现数学的抽象与形式的魅力，让学生更准确地把握形的特点。如长方体有 8 个顶点、6 个面、12 条棱，从数的角度认识长方体的顶点、面和棱的特点，先从具体的事物中抽象出数，再体会数表示物体个数的含义和作用。在体会数字包含的图形特征时，借助数的运算解决有关的几何问题，如求表面积、棱长总和、体积等。学生在"形"中思"数"，用"数"解释"形"。于是，学生见到 6，8，12，马上联想到长方体的特征，在脑子里建立长方体模型。

（2）用"式子（计算公式）"精确描述形的特征。形有形象、直观的优点，但在定量方面还必须借助代数的计算。如看到式子 13×4，想到什么图形？可以想到：①一个长为 13、宽为 4 的长方形的面积；②边长为 13 的正方形的周长。用长方形、正方形周长和面积计算公式这一数学模型刻画形的特征，体现了数形结合思想。对于较复杂的"形"，不但要正确地把图形数字化，而且还要留心观察图形的特点，充分利用图形的性质或几何意义，把"形"正确表示成数量关系的形式，再进行分析计算。如：圆柱表面积计算，通过数形结合可探究不同的计算公式。

①圆柱的表面积是含上下两个底面的面积和一个侧面面积。

圆柱的表面积＝圆柱的侧面积＋两个底面的面积

$$S_{圆柱} = 2\pi rh + 2\pi r^2$$

②将上下两个圆近似看做长方形，然后转化平移，与圆柱的侧面积合并

为一个大长方形。

$S_{圆柱} = 2\pi rh + 2\pi r^2$
$= 2\pi r(h+r)$

③特殊情况下，求侧面和一个底面，也可以合并为一个大长方形。

$S_{圆柱} = 2\pi rh + \pi hr^2$
$= \pi r(2h+r)$

（3）用数的运算判定几何图形的性质。比如对几何图形性质的判断有时需要通过计算才能获得正确结论。如：周长相等的正三角形、正方形、长方形和圆形，哪个面积大，哪个面积小？凭直观难以判断，而通过具体计算或通过字母公式的推导可得：在周长相等的情况下，圆形的面积最大，依次是正方形、长方形、三角形。

又如：用一根 20 厘米长的铁丝围一个长方形，可以围成怎样的长方形？有多少种围法？什么情况下面积最大？（长、宽取整厘米数）如何理解这道题目？（这里的 20 厘米就是将要围成的长方形的周长，也就是说不管怎么围，长方形的周长都是 20 厘米，而一条长和宽的和是周长的一半。）可以在方格纸上将想法先画一画，在表格中记下每次探究的结果。下表是一个学生的探究数据。

长（厘米）	9	8	7	6	5
宽（厘米）	1	2	3	4	5
面积（平方厘米）	9	16	21	24	25

经探究得出结论：周长一定时，长方形的长与宽相差越小（大），面积越大（小）；围成正方形，面积最大。所以，知道周长要围长方形，先确定它的长和宽。周长正好被 4 整除的，首先要想到周长除以 4 可以变成正方形；如果不能除尽，就变成长方形，使长和宽最接近。这样通过"数"的研究使得学生对周长和面积及其之间的关系有了更加理性和深入的认识，开拓了学生

思维的发展。

第三节　小学数学数形结合的应用策略

数形结合的应用方式主要有三种类型：以数解形、以形助数和形数互融，其要点是将数与形——对应起来。

一、掌握并灵活运用线段图、象形直观图

教材从一年级开始就出现了大量的情境图，二年级演变为用直条图呈现信息，三年级正式教学线段图……这样的编排符合学生对画图策略的认识、理解和运用的过程。小学生受生活经验、知识结构和思维水平的影响，缺乏对数学问题的理解，从而影响对问题的解决。课堂上，学生解决问题时常常满足于列出算式、算出得数，不重视对题意的理解和分析。课堂教学也常常停留在"教师画，学生看"的状态，并没有提升到"学生画，学生用"的层次。对于低年级的小学生来说，巧妙地运用画图策略，有助于学生把握数学问题的本质。画图是把数学问题中的运算、数量关系等与几何图形或图像结合起来进行思考，使"数"与"形"优势互补、相辅相成，使逻辑思维和形象思维完美地统一起来。因此，在解决问题的过程中，学生要学会发现问题，学会画线段图。

首先，让学生有画图的意识，喜欢并爱上画图，逐步掌握画图方法。低年级数学教学重在化抽象的语言为直观图形，促进学生对问题的准确分析。一年级的问题解决都是在情境图中展开的，先让学生观察情境图，寻找到其中有用的数学信息，再让学生通过完整的数学信息表述和情境图的配合来理解题目的意思。但有时数学信息中包含的词语学生不能够理解，从情境图中也看不出来，难以找到解题的方法，这时就需要使用其他方法加以辅助。

①涂鸦画图法。即尝试用自己喜欢的涂鸦方式描述对问题的理解。一年级下册《数数的策略》一课中有例题：小丽排第10，小宇排第15，小丽和小宇之间有几人？从学生所画的图中可以看到，有的学生想画出完整的小人，一个接一个还没有画完；有的学生想到用简单的三角

小丽和小宇之间有4人。

第10　　　　　　　　　第15

形、圆形、小棒等图形来画；有的学生更是图形上配合少量文字，题目意思表达得很清楚。在画图展示环节，通过对比、评价学生示意图的优缺点，既让学生理解了题目的意思，又让学生掌握了画图的一些基本方法。

②模仿＋创造相结合。模仿就是根据同一道算式，学生用画图表示题目的意思。如画出 $4+3=7$ 和 $9-5=4$ 表示的意思。学生画出图形之后，可以自己介绍，也可以小组讨论。这样的活动激发了学生画图的兴趣，有助于学生掌握画图的方法。

其次，让学生感受画图的奇妙效果。

①在分析题意时画图，变抽象为形象。数学家张广厚这样说："数学无疑是一门高度抽象的学科，需要人们具有高度抽象思维的能力，但是也同样需要很强的几何直观能力。抽象思维如果脱离直观，一般是很有限度的。同样，在抽象中如果看不出直观，一般说明还没有把握住问题的实质。"小学数学教学中，数形结合就能为学生提供恰当的形象材料，可以将抽象的数量关系具体化。"求比一个数多几（少几）的数是多少"是低年段数学问题的一个难点，句中是谁与谁比，比多时找出多的量，比少时找出少的量。

问题若是求多的量就用加法，若是求少的量就用减法。这样的分析对于二年级学生来说，理解起来比较困难。如上图中问题，"男生比女生少8人"往往会让学生见少就减，即使在分析时提醒学生此处有"陷阱"：因为女生人数未知，要将这一条件转化为"女生比男生多8人"，但教学效果并不明显。当学生在线段图的引导下理清条件和问题时，就能比较直观地理解各种数量之间的关系了，从而能有效提高学生比较、分析和综合的思维能力，正所谓"一图抵百语"。

②在突破难点时画图，变复杂为简单。小学生在学习数学的过程中，往往只观察到事物的表面现象，却不能透过现象发现事物的本质。教师应指导他们逐渐懂得看问题的角度，找出问题的实质，逐步形成由浅入深的分析，将复杂问题简单化，从而培养学生数形结合的思想。如：同学们布置会场，需要搬10整套桌椅，一张桌子和一把椅子为一套。如果两人抬一张桌子，一人搬2把椅子，应该安排多少个学生一次就可以搬完？

"10套桌椅""两人抬一张桌子""一人搬2把椅子""一次搬完"等多种信息，学生理解起来还是有些困难。美国数学家斯蒂恩说：如果一个特定的问题可以被转化为一个图形，那么思维就整体地把握了问题，并且能创造性地思索问题的解法。为了突破难点，教师让学生读题后可通过画图理解题意。

上面左图中，长方形表示桌子，正方形表示椅子，黑点表示学生；右图用同一条线段既表示桌子也表示椅子，圆弧表示学生，这样自然就能想到抬10张桌子需要 $10 \times 2 = 20$ 人，搬10把椅子需要 $10 \div 2 = 5$ 人。在边读题边画图、边画图边思考的过程中，学生感悟画图策略的过程与价值，初步体会用数、形将实际问题"符号化"的优越性。

③在建立模型时画图，变模仿为理解。在解决问题的过程中，画图不是最终目的。在建模整个过程中，学生把文字转化成图画，把图画转化成思维，是一个从"外化"到"内化"来发展逻辑思维的过程。如：剪绳问题中，段数与剪切次数的关系，学生通常会计算段数，但对次数与段数的关系并没有真正理解。虽然教师也进行了实物演示，但到底什么时候加1、什么时候减

1，学生还是容易混淆。即使题目做对了，学生的解题活动也只是建立在对习题的简单模仿之上。基于此，引导学生画一条线段表示绳子的总长，用虚线表示剪切的次数，通过次数与段数的一一对应，得出问题的关键：段数－1＝次数。

当再遇到上楼梯、路边栽树问题时，学生已经学会先画图，再利用图列出算式。同时对比不同的线段图，学生发现其本质相同：楼层数－1＝楼梯数，棵数－1＝间隔数（两头都栽种）。因此，借助数形结合思想将文字信息和知识基础耦合，使得数形结合思想在学习过程中真正得以渗透。

小学中年级数学教学重在化知识的学习为能力的提升，促进学生学习能力的提高。如：姐姐和妹妹共有52本书，姐姐给妹妹5本后，姐姐的书就是妹妹的3倍。问姐姐、妹妹原来各有几本书？乍看这道题目特复杂，条件中既有给书又有倍数问题，让有些学生丈二和尚摸不着头脑，但如果让这些复杂的数与形结合——画线段图，问题中的数量关系就一目了然了。

④在知识验证时画图，变被动为主动。学习乘法分配律时，先列举大量体现乘法分配律外形特征的算式，再通过计算和比较，看结果是否相等以验

证猜想是否成立。教师如果仅仅这样做还不够，因为学生只是通过计算从外形上发现两边结果相等，还未从本质上探明为什么两边会相等。这时，我们通过画图可以验证乘法分配律（如下图）。

此阶段的教学力求抓住内在不变的"理"来说明外在变化的"形"，采用数形结合的方法，利用图形体会两种算法的异同点及它们之间的内在联系，让学生借助直观丰富的表象理解乘法分配律，并借助等式中箭头的指引让学生观察得出结论。通过图形的直观演示，帮助学生在这一过程中理解抽象的数理运算，切实增强体验，不断获得真切感受，充分积累活动经验，从而直观地显示了等式在形式上发生变化的原因，也自然而然地让学生归纳出了乘法分配律。

这样从具体到抽象，从特殊到一般，从感性到理性，学生逐步经历了"数学化"的过程，不但知其然，而且知其所以然，于是真正地接受了规律。实践证明，有了主题图和数形图的支撑，既便于学生探索、发现和理解规律，建构规律模型，又便于学生在以后的学习中灵活运用规律，发展数学思维。

再如教学人教版数学二年级下册《有余数的除法》这一单元时，课本第70页第8题是一道综合题，需要学生综合考虑3种花的情况，这对二年级学生来说有一定难度。因为解答时要以3种花中按要求枝数所能扎成的束数最少的那种花为标准才能确定答案。此题对于培养学生思维的全面性与灵活性，以及培养学生能辩证地思考问题有较好的作用。

录制微课总结直观象形图到线段图的形成过程，进一步丰富学生解决问题的方法和策略；同时，从实物图到几何符号图再到线段图，建立操作表征、符号表征和语言表征之间的对应关系。教学时让学生学会利用图来描述和分析问题，将数学问题转化成直观、形象的图，以清晰地"看到"数量关系，明晰解决问题的思路，并最终获得解决问题的方案。

请用 7 枝 🌹 、3 枝 🌸、2 枝 🌷 扎成一束。

22枝　余1枝

16枝　余7枝

10枝　余4枝

7枝
3枝
2枝

这些花最多可以扎成（3）束这样的花束。

知道了什么？

怎样解答？

摆　　画　　算

请用 7 枝 🌹 、3 枝 🌸、2 枝 🌷 扎成一束。

🌹 ○○○○○○○○○○

🌸 □□□□□□□□□□

🌷 △△△△△△△△

这些花最多可以扎成（3）束这样的花束。

请用 7 枝 🌹 、3 枝 🌸、2 枝 🌷 扎成一束。

22枝
7枝　16枝
$22 \div 7 = 3$（束）……1（枝）

3枝　10枝
$16 \div 3 = 5$（束）……1（枝）

2枝
$10 \div 2 = 5$（束）
$3 < 5$

这些花最多可以扎成（3）束这样的花束。

解答正确吗？　这些花最多可以扎成3束这样的花束。

🌹　$7 \times 3 = 21$（枝）　22-21= 1（枝）

🌸　$3 \times 3 = 9$（枝）　16-9= 7（枝）　$1+7+4 = 12$（枝）

🌷　$2 \times 3 = 6$（枝）　10-6= 4（枝）
数量虽相等，
品种却不符。

　　高年级数学教学重在化繁杂的关系为清晰的思路，促进对疑难问题的简化。在解决问题中，运用直观的图形进行教学，能收到事半功倍的教学效果。即把问题中的数量关系转化成图形关系，将抽象的数量关系形象化，再根据对图形的观察、分析、联想，将数量关系用算式表示出来，以便解决问题。如：五（1）班有 25 人，所有同学都参加了课外小组。参加音乐小组的有 15 人，参加美术小组的有 18 人，既参加音乐小组又参加美术小组的有多少人？根据题意作示意图如下。

25 人

音乐
小组
15 人

美术
小组
18 人

? 人

　　从图中可以知道：两组人之和为 15 + 18 = 33（人），可是全班人数是 25 人，相差 33 − 25 = 8（人），说明 8 人报了 2 次，就是说这两组都参加的有 8 人。

二、关注直观到抽象的过渡并及时抽象

一个概念的抽象过程是怎样的？第一阶段为简约阶段：把握事物关于数量或者图形的本质，把繁杂问题简单化，给予清晰表达。第二阶段为符号阶段：去掉具体内容，利用符号或关系术语，表述已经简约化的事物。第三阶段为普适阶段：通过假设或推理，建立法则、模式和模型，在一般意义上描述一类事物的特征或规律。

①小学学习的起始年段，用直观形象铺垫，引出抽象。在低年段特别是一年级起始年段数学教学中，学生往往要通过实物数量、几何图形个数、数字符号逐步抽象概括出数，所以教师把握好由形象直观到抽象概括的"分寸"尤为重要，即教学中应该有坡度或逐步过渡。如：一年级"对大于号、小于号的认识"，大于号、小于号形状相似、方向相反，初学时难以记忆。除了口诀"大于号，开口朝着大数笑；小于号，尖尖快把小数找"记忆之外，下面左图由"实物呈现"，到右图转变为由"形代替实物"的"形呈现"，最后转为"符号呈现"。右图中大于号的"形"与用数字描述的式子"5 > 4"完美结合，实现思维的质的三度飞跃。

5 > 4

再如：《凑十》的教学。一年级小学生的思维以形象思维为主，对于摸得着、看得见的具体材料更容易认知、理解和记忆。在小学课堂中，要善于抓住小学生的这一特征，巧妙地将抽象的算法转化为具体的图形，以形解数，培养学生对数学知识的初步认知。《凑十》一课力求让凑十法在直观的图形中形象地呈现在一年级学生面前，让枯燥无味的算法算理生动鲜活起来。

借助直尺（数轴的雏形），学生容易想到凑十，容易看出怎样凑十，这比起算式凑十的说理，学生更感兴趣，也更容易接受。形中辨数，揭示本质，

两种凑十法的原理和思路相同。如何从抽象的算法中抓住算理本质，引导学生有效、有价值地进行比较，从而让学生自主地认识到哪种凑十法更容易，那就需要通过引导学生在形中辨数。

8 凑成 10，需要 2，用 2 段浅色表示；6 凑成 10，需要 4，用 4 段浅色表示。哪种容易凑十呢？学生自然就会想到 8 只需 2 就能凑成 10，而 6 还需 4 才能凑 10，自然是 8 凑成 10 比较容易了。直尺中的黑色条块把学生引向了谁更接近 10，就把谁凑成 10 的思考方向。谁接近 10，谁就容易凑 10，就把谁凑成 10，不正是"拆小数，凑大数"的算理本质吗？形中辨数，借助图形，巧妙地揭示了抽象的数学规律。

②小学中高年段，以直观的简明化展现抽象思维活动。如：数形结合中运动形成的"体"，深度阐述了直观不是目的，抽象才是本质。

"旋转"产生的体。一个直角三角形围绕一条直角边旋转一周形成一个圆锥；一个长方形围绕其一边旋转一周，形成一个圆柱。像这样，用运动的眼光看待圆锥和圆柱，很好地将平面图形与立体图形建立起了联系，训练了学生用运动的眼光和方法观察图形及周围事物的方法，培养了学生知识迁移的能力。

"平移"产生的体。除了可以通过平面图形旋转的方法得到圆锥和圆柱体以外，还可以通过平面图形其他运动形式得到我们认识的立体图形。

长方体可以看作是一个长方形沿着与自身垂直的方向做平移运动的轨迹，它是长方形平面向不同方向运动所形成的立体图形。

圆柱体不仅可以看成长方形围绕其一边旋转一周的旋转轨迹，也可以看成是底面圆沿自身的垂直方向做平移运动后所产生的轨迹。

伟大的科学家、数学家牛顿曾经说过："可以把数学中的量看作是连续的运动产生出来的。"这句话告诉我们，几何形体可以从形状上看成是运动生成的。数形结合应当发挥"通过直观实现简明化"的功能外，还应当重视"展现抽象思维活动"的作用，数与形的结合就是几何直观与逻辑推理相结合的产物。

三、在解决问题中关注数与形的一一对应

①数形结合巧解困惑。如：用一根长 32.4 分米的铁丝围成一个最大的正方形，这个正方形的面积是多少平方分米？可以先将 32.4 分米的铁丝想象成一条"直的"线段，把它"折了几次"变成正方形。教师用下面的图动态演示"变直为曲"的过程，这就形象地揭示了难点：铁丝的长度就是正方形的周长。

铁丝：

正方形：

解决这道题首先是先求出这个最大正方形的边长，正方形的边长 ＝ 周长 ÷4，即 $32.4 \div 4 = 8.1$（分米），再求出正方形的面积：$8.1 \times 8.1 = 65.61$（平方分米）。借助静态或动态的图形演示，揭示数与形之间的关系，利用"曲""直"之间的不断转化，将知识的重难点分解，最终攻克思维堡垒。"线"有时需要赋予其生命，让其"能屈能伸"，淋漓尽致地发挥其在数形结合中的作用。

再如：有余数连除得不同的商。关于算式 $120 \div 25 \div 4$ 出现了以下两个计算过程：$120 \div 25 \div 4 = （120 \div 4）\div 25 = 30 \div 25 = 1\cdots\cdots5$ 和 $120 \div 25 \div 4 = 120 \div （25 \times 4）= 120 \div 100 = 1\cdots\cdots20$。同一算式为什么改变运算顺序会有不同的结果？答案是对的吗？如何解释这一现象？南京师范大学徐文彬的报告有涉及这一类问题。徐文彬指出，将算式放在解决应用问题的情境中，便于理解答案中为什么会出现不同的余数。为了方便，将上面的算式简化为 $28 \div 2$

÷4，并放在下面的问题情境中：有一个两层的简易书橱，每一层有 4 个格子，将 28 本书放入这个简易书橱中，平均每个格子放几本书？

①$28 \div 2 \div 4$
$= 14 \div 4$
$= 3 \cdots 2$

②$28 \div 2 \div 4$
$= 28 \div 4 \div 2$
$= 7 \div 2 = 3 \cdots 1$

③$28 \div 2 \div 4 =$
$= 28 \div (2 \times 4)$
$= 28 \div 8 = 3 \cdots 4$

观察以上有余数连除计算题与相应的方格图，解答①中 28 本图书，是先每层放 14 本，再将 14 本平均放在 4 个方格中，每层多出 2 本，两层一共多出 4 本。解答②是将书橱上下 2 层中的各一格看成一组，共有 4 组。28 本图书，先平均分成 4 组，每组 7 本，再将 7 本平均放在每组的 2 个方格中，每组多出 1 本，4 组一共多出 4 本。解答③中 28 本图书，是直接平均放在 8 个方格中，一共多出 4 本。通过以上分析，我们发现关于 $28 \div 2 \div 4$ 的三种计算结果都应该是正确的，最后剩余的都是 4 本图书。三种解法中不同的余数源自不同的除数，所以脱离除数谈余数是没有意义的。反观有余数除法的学习，教师关注的是笔算竖式的格式，强调余数小于除数，缺乏深化对"余数随着除数的变化而变化"的理解，更鲜有余数连除的计算，所以上述问题的研究出现空白。当文字情境、象形图形、算式解答过程一一对应时，我们便可数形结合，巧妙解决这一困惑。

②数形结合的有机融合。形是数的直观呈现，数是形的逻辑表达。把学生的形象思维与逻辑思维有机结合起来，做到数中有形，形中有数，从而培养学生的辩证思维能力。如：利用面积模型解释完全平方计算公式。

$$(a+b)^2 = a^2 + 2ab + b^2$$

给出一个边长为 a 的正方形，再将它的边长增加 b，得到一个边长为 $(a+b)$ 的正方形。先让学生自己分割成基本图形，能发散学生的思维，寻求多样的解决方法；再让学生通过数与形的对应关系，互相验证结果，感受数学的魅力。因为面积相等，所以可以证明 $(a+b)^2 = a^2 + 2ab + b^2$。图形与等式的关系真奇妙！利用面积模型解释完全平方公式，感受用形来解释数的直观性与简捷性，给小学阶段学生打开了一扇提高数学思维能力的大门。数形结合其实质是将抽象的数学语言与直观的图形联系起来，让抽象思维和形象思维相结合，再通过对图形的处理，发挥直观对抽象的支柱作用，揭示数和形之间的内在联系。（第一、二节由俞洁文整理编写，第三节由俞洁文、唐明整理编写。）

参考文献

[1] 方齐珍. 几何直观与数形结合之辨析 [J]. 福建教育（小学），2012（12）：46－47.

[2] 刘加霞. "数形结合" 思想及其在教学中的渗透（上）[J]. 小学数学（数学版），2008（4）：49－50.

[3] 唐彩斌. 例谈数形结合与几何直观（未刊稿）.

第三章 梳理简析：
教材中的数形结合内容

本章参照 2013 年人教版小学数学现行学生用书，将 1—12 册中数形结合的教学内容加以梳理，同时参考由人民教育出版社、课程教材研究所、小学数学课程教材研究开发中心联合编著的 1—6 年级义务教育教科书《教师教学用书（2016 年版）》，对梳理的数形结合的教学内容做了简要的分析。

第一节   1—2 年级
数形结合典型问题摘录与简析

一、一年级上册

典型课例——课题 1：《10 的认识》

借助直观形象的点子图、计数器、直尺和数轴认识抽象的数，并结合数的认识，体会数轴上的点与数的意义的对应关系。数轴是数形结合最基本的载体，是数形结合思想方法最基础的渗透。

典型课例——课题2：《数数的策略——排队问题》

在解决问题的过程中，让学生按照题中的叙述顺序画图，建立"漏数加上"或"重复减去"的模型，认识要"加上1"或"减去1"的道理是解决问题的重点。画图能促进学生对问题的思考，使复杂的问题变直观。

二、一年级下册

典型课例——课题1：《找规律》

形与数的结合，要注重图形与数列的一一对应，让学生在直观认识的基础上能初步抽象出等差数列的一般规律。

典型课例——课题2：《百数表》

借助10行10列方格，理解百以内数的顺序、大小和排列规律。根据百数表的排列规律，推理填写表格中的数。在建构新百数表的过程中，让学生继续探究其中的规律，发展学生对数及运算的认识，激发学生的探究兴趣，发展学生的数学思维。

典型课例——课题3：《解决问题——减去相同的数》

"减去相同的数"这一实际问题对学生来说有一定的难度，也更具有挑战性，学生用以往两数相减的方法不能直接解决问题，需要充分理解题意，用自己的方式表达对题目的理解。圈一圈的策略是从总数中去掉几个相同的部分，看余下多少，再将圈图和逐一减的算式结合起来，让学生充分经历分一分、圈一圈、减一减的过程，积累解决问题的经验，搭建由减法到除法过渡的桥梁，以便更好地理解除法的意义。

7 58个珠子，10个穿一串，能穿几串？

知道了什么?
有□个珠子，□个穿一串。

要解决的问题是"能穿几串"。

怎样解答?
找来围一围，能穿5串。

58里面有5个十和8个一，所以能穿5串，还剩8个。

解答正确吗?
5串是50个，还有剩下的8个，正好是58个，解答正确。

口答：能穿□串。

想一想：如果5个穿一串，这些珠子能穿几串？

三、二年级上册

典型课例——课题1：《认识厘米》

借助直观图直尺、手指甲宽度和图钉长度认识厘米的长度。直尺是最常见的测量长度的工具，学生通过观察直尺发现，尺子上有若干长度单位，且都是统一的，每一个单位就是1厘米。学生用手比画感受1厘米的长度，再通过实物比较，如田字格的长度、图钉的长度约都是1厘米，加深对1厘米的认识。

1 很久以前，人们用身体的一部分作为测量长度的单位。

用拃（zhǎ）作单位量一量课桌的长。

有5拃长。

有3拃长。

量的都是课桌的长，为什么量的结果不一样呢？

这就需要统一长度单位。

2 尺子是测量长度的工具，尺子上的"厘米"就是一个统一的长度单位。

这是1厘米，像这样比画一下1厘米的长度。

厘米可以用"cm"表示。

哪些物体的长度大约是1厘米？

食指宽
大约1厘米

田字格宽
大约1厘米

图钉的长
大约1厘米

量比较短的物体，可以用"厘米"作单位。

3 量一量下面纸条的长度。
（　）厘米

把尺的刻度0对准纸条的左端，再看纸条的右端对着几。

典型课例——课题2：《乘加、乘减》

数形结合是用图来表征数学问题，将自己对运算语言的理解以外显的方式表达出来。运算形式包括一般加法算式、特殊加法算式和乘加乘减算式。

典型课例——课题3：《画图解决问题》

从用实物表示问题情境过渡到用线段图表示问题情境和相关信息，便于理解算式的意义，解决问题。

四、二年级下册

典型课例——课题1:《画线段图解决问题》

认识用长方形表示的线段图,问题情境和相关信息非常完整,便于理解算式的意义,解决问题。关于"如何解决问题"有经典的阐述,"未知的是什么?已知的是什么?条件是否满足确定未知量?或者多余?或者矛盾?画一张图,引入适当的符号。"画图可以将学生对题目的理解与认识外显出来,又可以将现实情境抽象为数学模型,便于分析与解决问题。首先,明确条件问题,用图表示,实现现实情境表征到图形表征的转化。其次,借助图形分析选择方法解决,用恰当的方式表达解决过程,实现图形表征到符号表征的转化。再次,结合图说说算式的含义,实现符号表征到语言表征的转化。感受画图策略的重要作用。

典型课例——课题2：《有余数的除法》

数形结合能让学生更加直观地认识余数，认识余数与除数的关系，理解有余数除法算式的含义。在教学中，先用语言描述操作要求，再让学生圈、连、填，最后用除法算式表示。即多种表征形式相互映衬，帮助学生理解余数及有余数的除法的含义。

典型课例——课题3：《1000以内数的认识》

对1000以内数的认识，先让学生操作数小立方体的活动，经过将一个个的小立方体结构化，借助计数单位"一""十""百"数数，既认识新的计数单位"千"，又体会十进制。学生学会1000以内一个一个地数、一十一十地数、一百一百地数，突破遇到拐弯时下一个数是多少，理解十进制，培养数感。

典型课例——课题 4：《10000 以内数的认识》

第一个层次以小方块为素材学生一千一千地数，第二个层次以计数器为素材学生一千一千地数，可进一步体会十进制计数原理，理解 10 个一千是一万，从而认识计数单位"万"。这里需要强调：两种数数方法都不是简单的重复，计数器（齐性、逻辑结构化的学具）比小方块（齐性、直观结构化的学具）更抽象些，也更能看出千位、万位上数的意义，更有利于学生对数概念的理解。

第二节　3—4 年级
数形结合典型问题摘录与简析

一、三年级上册

典型课例——课题 1：《计算经过的时间》

时间非常抽象，儿童初学时间时比较困难。若能将抽象的时间转化为能够具体感知的"量"，可以帮助学生建立时间观念。掌握时间的方法，主要是先引入数轴来直观表示"时间"，即将抽象的、不断流逝的时间与直观的数轴建立联系，将"时刻"与数轴上的点建立联系，将"经过时间"与两点间的距离建立联系。

典型课例——课题2：《倍的认识》《用倍的知识解决问题》

《义务教育数学课程标准（2011 年版）》在"课程内容"中把"几何直观"作为核心概念提出，并明确其内涵"主要是指利用图形描述和分析问题。借助几何直观可以把复杂的数学问题变得简明、形象，有助于探索解决问题的思路，预测结果。几何直观可以帮助学生直观地理解数学，在整个数学学习过程中都发挥着重要作用"；并且还提出"能运用数及数的运算解决生活中的简单问题，并能对结果的实际意义做出解释"。教材中通过对萝卜的分类计数、圈图比较，把抽象的新知识"倍"与学生已经掌握的"几个几"建立联系，初步认识"倍"的概念。

在"求倍数"和"求比较量"的问题中，设计了丰富的实际问题，便于学生在比较和抽象中构建解决此类问题的数学模型。同时，紧扣倍的知识，联系生活实际，注重培养学生读图、识图的能力；注重借助图示分析数量关系，探索解决问题的思路和方法；注重展示丰富的问题情境，以便建构数学模型。最后，在解决问题的过程中，借助线段图，表达出倍概念的本质特征，抽象概括出基本数量关系，学生便能掌握倍的概念。教材先讲了"求倍数"，再讲了"求比较量"，然后借助线段图，并运用除法和乘法运算，加深学生对倍概念的认识。

5 倍的认识

2 根

3 个 2 根

我们说 的根数是 的 3 倍。

图一图 有（ ）个 2 根， 的根数是 的（ ）倍。

做一做

1. ●●● ●●● ●●● ●●●
   ●的个数是 的（ ）倍，●的个数是 的（ ）倍。

2. 第一行摆：／／／／／　第二行摆（ ）个 5 根，一共是（ ）根。
   第二行摆：第一行的 4 倍

擦桌椅的有12人。　扫地的有4人。

擦桌椅的人数是扫地的几倍？

阅读与理解　知道了擦桌椅和扫地的学生各有多少人。

问题是擦桌椅的人数是扫地的几倍。

分析与解答　我画了一张示意图，能清楚地看出擦桌椅的人数是扫地的 3 倍。

擦桌椅的：

扫地的：

要求擦桌椅的人数是扫地的几倍，就是求 12 里面有几个 4，用除法计算。

$12 \div 4 = 3$

回顾与反思　扫地的 4 人，4 的 3 倍是 12，正好是擦桌椅的人数，解答正确。

答：擦桌椅的人数是扫地的 3 倍。

典型课例——课题 3：《认识周长》《长方形周长》

对于正方形周长公式的讲解，学生较容易掌握第一种方法"边长＋边长＋边长＋边长"，对于"边长×4"的理解就较为困难。教师此时可以使用数形结合思想，引导学生"以数想形"，使用较形象的正方形教具，把四条边拆开叠放在一起，学生就能理解"边长×4"这一公式，从而加深对其的认识与理解。

求长方形周长有三种方法：①长＋宽＋长＋宽；②长×2＋宽×2；③（长＋宽）×2。学生常应用前两种方法，第三种方法应用较少，主要在于学生对方法③缺乏本质上的认识，教师引导学生"以数想形"便可以帮助其理解。

周长

3

封闭图形一周的长度，是它的周长。

有办法知道上面这些图形周长吗？

4 计算下面长方形和正方形的周长。

4 厘米

6 厘米

5 厘米

我是这样算的。

我是这样算的。

长方形的周长：
$6 + 4 + 6 + 4 = 20$（厘米）
正方形的周长：
$5 + 5 + 5 + 5 = 20$（厘米）

长方形的周长：
$(6 + 4) \times 2 = 20$（厘米）
正方形的周长：
$5 \times 4 = 20$（厘米）

你喜欢哪种方法？

长方形的周长 = _____

正方形的周长 = _____

典型课例——课题4：《用周长的知识解决问题》

数形结合能有效地为学生提供恰当的形象材料，可以将抽象的数量关系具体化，把无形的解题思路形象化，帮助学生理解和掌握知识，有效激发学生的求知欲望和学习兴趣，从而帮助学生突破课堂教学中的重点和难点，既优化了解题途径，又提高了教学效率。

从现实空间中抽象出几何图形的过程和探索图形性质及其变化规律的过程，能让学生获得鲜明、生动和形象的认识，进而形成表象，发展空间观念。在教学过程中，教师要让学生掌握数形结合的思想，养成不重、不漏地思考问题的良好思维习惯。通过解决一些实际问题，使学生体会所学知识的应用性，积累解决问题的经验，发展创新意识，提高实践能力。

典型课例——课题5：《认识几分之一》《几分之一的大小比较》

借助实物模型、面积模型和数线模型，让学生进一步认识分数，知道把一些物体看作一个整体平均分成若干份，其中的一份或几份可以用分数表示，并能解决有关分数的简单实际问题；让学生感悟数形结合的思想，培养数感，实现数概念的拓展，体会分数在实际生活中的应用和价值。

典型课例——课题6：《认识几分之几》《同分母分数的大小比较》《简单的分数计算与应用》

《义务教育数学课程标准（2011 年版）》在课程目标"数学思考"中首次提出"初步形成几何直观"的目标。几何直观是指借助于见到的（或想象出来的）几何图形的形象关系，对数学的研究对象（空间形式和数量关系）进行直接感知和整体把握。在教学同分母分数的简单计算时，要充分结合具体情境，通过直观演示，帮助学生从分数的含义上理解分数加减法的算理。

二、三年级下册

典型课例——课题1：《笔算乘法》

用点子图把自己的方法表示出来，让学生经历用图示表征解释算法的过程；然后，再交流展示多种解决问题的方法，通过学生的汇报让其明确如何划分点子图、算式表征了哪种计算方法，并搭建图形表征、算式表征与计算方法之间的联系；最后，在理解竖式计算的算理时，让学生再次利用点子图表示出竖式计算中每一步的结果，进而可以让学生更好地理解其含义，掌握其算法。借助点子图，在加深学生对计算方法理解的同时，使学生逐步学会借助几何直观去解决问题，去表达和交流，从而有效地促进学生全面发展。

典型课例——课题2：《面积、面积单位》《长方形、正方形面积的计算》

用面积单位度量或拼摆不同长方形的过程，重视学生计数面积单位个数的方法，允许一个一个计数，也可以用乘法计数，明确每行面积单位的个数与行数的乘积就是面积单位的总个数。在长方形面积公式推导中，让学生用1平方厘米的小正方形摆放长方形，即长有几厘米就能摆几个小正方形，宽有几厘米就能摆几排，通过搭建长方形的长、宽与每行面积单位个数和行数之间的对应关系，抽象出长方形的面积就是长与宽的乘积。

长方形、正方形面积的计算

4 （1）一个长方形长5厘米、宽3厘米。你能求出它的面积吗？

每行摆5个，可以摆3行。它的面积是5×3等于15平方厘米。

正好摆了15个1平方厘米的正方形。它的面积是15平方厘米。

其他长方形的面积是不是也可以这样来计算呢？

（2）任取几个1平方厘米的正方形，拼成不同的长方形。边操作，边填表。

长／厘米				
宽／厘米				
面积／平方厘米				

你发现长方形的面积与它的长和宽有什么关系吗？

长方形的面积＝长×宽

（3）先量一量，再计算它们的面积。

长＝
宽＝
面积＝

长＝
宽＝
面积＝

典型课例——课题3：《面积单位间的进率》

例6 教学《面积单位间的进率》，在编排上包括四个层次：先采用由旧引新的方式，明确提出需要探究的问题。接着呈现一个1平方分米的正方形，并在正方形内用虚线画出了1平方厘米的小方格，并用不同的长度单位标出边长。这样既为学生直观认识1平方分米和1平方厘米的关系提供了形象支撑，又为计算和推理做好了铺垫。然后展示学生选择不同的单位计算图形的面积，体现了针对同一个图形其观察的视角可以不同。最后得出结论，直接呈现了面积单位之间的关系。

面积单位间的进率

我们知道，相邻两个常用的长度单位之间的进率是10。那么，相邻两个常用的面积单位之间的进率是多少呢？

6 下面这个大正方形的面积是多少？

1分米（10厘米）

我这样算：边长是1分米，面积就是1平方分米。

还可以这样算：边长是10厘米，面积就是10×10=100（平方厘米）。

1平方分米＝100平方厘米

典型课例——课题4：《24时计时法》

借助几何直观，帮助学生理解抽象的概念。24时计时法比较抽象，教材借助多种直观方法帮助学生理解。原实验教材用在钟面上标出内、外圈数呈现24时计时法，新教材在此基础上增加了"时间轴"，将一日经过的时间展开，在时间轴上对比给出一日内12时计时法和24时计时法所表示的整点时间。这样将抽象的、不断流逝的时间与直观的数轴建立起联系，将"时刻"与数轴上的点建立联系，借助几何直观，进一步帮助学生理解抽象的24时计时法。在《24时计时法》的教学中可以充分利用钟表上的刻度，1个大格代表1小时，24小时就是钟面上的时针走了2圈，同时形象地解释了0时和24时在同一点上，这让具体的形与抽象的数相辅相成。

典型课例——课题5：《小数的初步认识》

借助具体的量（量的单位：米、分米、厘米，元、角、分）和几何直观图，直观感受小数与十进分数之间的关系，初步认识小数。借助学生熟悉的生活情境，通过人民币、米制系统、面积等直观、半直观的模型，帮助学生初步认识小数，解决简单的实际问题。

把1米平均分成10份，每份是1分米。

1分米是1米的 $\frac{1}{10}$。

1分米是 $\frac{1}{10}$ 米，还可以写成0.1米；

3分米是 $\frac{3}{10}$ 米，还可以写成0.3米；

1米3分米写成小数是（　　）米。

姓名	小明	小刚	小强	小林
成绩／米	0.8	1.2	1.1	0.9

第一名　　第二名　　第三名　　第四名
（　）＞（　）＞（　）＞（　）

做一做

看图比较下面各组数的大小。

0.4○0.6　　2.5○1.8

三、四年级上册

典型课例——课题1:《条形统计图》

学生对数据进行收集、整理、描述和分析的过程，能够用自己喜欢的方式（文字、图画、简单的统计表等）呈现分类计数的结果；能够根据统计表及象形统计图提出一些简单的问题，初步经历用统计的方法解决问题的过程；了解统计在现实生活中的作用和意义，初步建立统计的观念。

7 条形统计图

这是北京市2012年8月的天气情况。

这个月的每种天气各有多少天？你能把它们清楚地表示出来吗？

我用统计表表示。

天气	晴	阴	多云	阵雨	雷阵雨
天数	9	6	9	5	2

还可以用象形图表示。

我这样表示。

他们把数据都表示清楚了吗？

小红的方法和象形图哪种表示更清楚？

条形图和统计表各有什么特点，你能得到哪些信息？

下面是四（1）班同学最喜欢的一种早餐（不包括主食）统计表。

最喜欢的早餐	牛奶	豆浆	粥
人数	6	12	24

请选一个条形图把统计结果表示出来。

（1）两个图的每格分别代表几人？
（2）最喜欢（　）的人数最多。
（3）你认为用哪个图表示这里的数据比较合适？为什么？
（4）如果最喜欢牛奶的是5人，在右图中怎样表示？

可以用半格代表（　）人。

四、四年级下册

典型课例——课题1:《三角形的内角和》《多边形的内角和》

利用三角形内角和探究四边形内角和。在四边形内画一条对角线，就可以把四边形的内角和问题转化为两个三角形的内角和问题，每个三角形的内角和是180°，两个三角形的内角和就是360°，进而得到"四边形的内角和是360°"的结论。将多边形内角和计算公式与多边形分割一一对应，可深化学生对计算公式的理解。

典型课例——课题2:《复式条形统计图》

会用统计表和单式条形统计图来表示统计的结果，掌握基本的统计方法，建立初步的统计观念。

第三节　5—6年级
数形结合典型问题摘录与简析

一、五年级上册

典型课例——课题1:《位置》

创设教室中学生座位的情境,借助教师在讲台上的学生座位图,将实际的具体情境数学化,抽象成在平面图上确定物体的位置。先统一"列""行"的顺序及方向,明确列数一般是从左往右数,行数一般是从前往后(或从下往上)数,再从学生的经验中逐步抽象出数学的表示方法,这符合学生由具体到抽象、由特殊到一般的数学认知规律,有助于学生理解数对在确定位置中的作用,感受到"数对"的简洁性和准确性。

典型课例——课题2:《多边形的面积》

面积公式的推导是建立在学生数、剪、拼、摆的操作活动之上的,学生在独立思考和合作交流的基础上进行操作,发展了空间观念,培养了动手操作能力。在"数"与"比"活动中,发展学生的数学思维。如在教学平行四边形时,"数方格"环节后是平行四边形与长方形的表格对比,在数一数、比一比中，教师要引导学生发现平行四边形的底、高、面积与长方形的长、宽、面积之间的等量关系。在"剪""拼""摆""画"等活动中，培养学生的空间观念。如平行四边形转化为长方形，是通过动手剪、平移、旋转等一系列操作活动得到的；三角形转化为平行四边形，是让学生在"画""拼"中发现原三角形与拼成的平行四边形等底等高，从而得出面积关系；在将梯形转化为已经会计算面积的图形时，让学生用拼、剪等不同的方法进行转化，揭示不同图形之间的关系，有效地培养了学生的空间观念。关于不规则图形的面积，其实质就是看它包含多少个面积单位，即面积的本质，从而顺利想到求面积的第一种基本方法——数方格。此外，可以借助已有的知识经验（会计算各种图形的面积），将已有图形近似看成某个规则图形，用面积计算公式予以解决。

典型课例——课题3：《植树问题》

植树问题通常是指沿一定的路线植树，这条路线的总长度被树平均分成若干段（间隔），由于路线的不同、植树要求的不同，路线被分成的段数（间隔数）和植树的棵数之间的关系就不同。植树的路线可以是一条线段，也可以是一条首尾相接的封闭曲线（如正方形、长方形或圆形等）。即使是关于一条线段的植树问题，也可能有不同的情形（如两端都要栽，只在一端栽另一端不栽，或是两端都不栽）。在植树问题中，最重要的数学思想就是模型思想，如何从实际问题中抽象出数学模型，教材突出了线段图的教学，通过几何直观帮助学生理解植树问题的数学模型。例 1 是探讨关于一条线段并且两端都要栽树的植树问题，让学生通过画线段图来发现栽树棵数和间隔数之间的关系。通过这两幅图，让学生把"点"（树）与"线"（间隔）一一对应起来，结果发现还多出一个"点"（树），所以"栽树棵数 = 间隔数 +1"。

二、五年级下册

典型课例——课题 1：《奇偶数的关系与正方形组合图形之间的对应》

在探究两数之和的奇偶性过程中，学生获得了数学活动的经验，丰富了解决问题的策略。教材根据奇数、偶数相加的三种情况，先提出了三个问题。"阅读与理解"环节又给出了三个问题的一种表征方式，即用算式表示。"分析与解答"环节还提示了三种获取结论的方法，即举例、说理、图示。事实上，这三种方法结合使用，可以提高结论的可靠性，增强学生对结论的理解和认识。

2 奇数与偶数的和是奇数还是偶数？奇数与奇数的和是奇数还是偶数？偶数与偶数的和呢？

阅读与理解

从题目中你知道了什么？

题目让我们对奇数、偶数的和作一些探索。

我把问题表示成这样……

奇数 + 偶数 = 〈 奇数？
偶数？

奇数 + 奇数 = 〈 奇数？
偶数？

偶数 + 偶数 = 〈 奇数？
偶数？

分析与解答

我随便找几个奇数、偶数，加起来看一看。

奇数除以2余1，偶数除以2没有余数，奇数加偶数的和除以2还余1，所以……

奇数：5，7，9，11，…
偶数：8，12，20，24，…

5+8=13，7+8=15……
5+7=12，7+9=16……
8+12=20，12+24=36……

奇数：
偶数：

所以，奇数 + 偶数 = 奇数，奇数 + 奇数 = ____，偶数 + 偶数 = ____。

典型课例——课题2：《体积单位间的进率》《长方体的认识》《长方体体积推导》

求几何体的表面积、总棱长、体积等，让学生在"见形"过程中有目的地去"思数"，在"思数"的过程中用"数"来解释"形"。

体积单位间的进率

2 下图是一个棱长为1 dm的正方体，体积是1 dm³。想一想：它的体积是多少立方厘米呢？

如果把它的棱长看作是10 cm，可以把它切成1000块1 cm³的小正方体。

它的底面积是1 dm²，就是100 cm²，100×10，一共是1000 cm³。

10 × 10 × 10=1000（cm³）

1 dm³ = 1000 cm³

仿照上面的方法，你能推算出1 m³等于多少立方分米吗？

1 m³ = _____dm³

典型课例——课题 3:《分数的意义》

分数单位"1"的相对性与自然数"1"的确定性,在学生已有的知识经验中是相互矛盾的,进而导致分数的意义不为他们已有的认知结构所接受和同化。也就是说,单位"1"它不仅表示一个物体,也可以表示由多个物体所组成的一个整体,如一个物体、一个图、一个计量单位可以称作单位"1",一些物体所组成的一个整体也可以称作单位"1",即与单位"1"相对应的量是动态的,具有相对性。当单位"1"表示为一个物体(如一个苹果、一个圆、一条线段)时,与学生已有经验中所确定不变的自然数"1"相一致;当单位"1"表示为多个物体(如 10 个苹果、23 个圆、35 条一米长的线段)时,与自然数"1"就有了冲突,学生的理解也随之产生偏差。采用数形结合方式,便于学生深刻理解单位"1"的含义。

平面图形类　　　　　　　　线段类　　　　　　"一群"类

用这幅图表示 $\frac{1}{4}$,和之前用图形表示有什么区别?(看成一个整体,完善表示方法。)

如果有更多的圆,怎么表示 $\frac{1}{4}$?你能画一画吗?(一个学生到黑板上用磁铁摆)形成:

典型课例——课题 4:《真分数和假分数》

教材依次呈现了直观涂色、比较辨析、归纳抽象这样一个编排过程。例 2 教学引出假分数概念后,接着由涂色的直观图对假分数进行分拆,引出带分数的概念,同时加强了对化法的理解,并明确:假分数的分子是分母的倍数,是整数;假分数的分子不是分母的倍数,是带分数。

2. 真分数和假分数

1 分别涂色表示下面各分数，并说一说把什么作为单位"1"。

$\frac{1}{3}$ $\frac{3}{4}$ $\frac{5}{6}$

> 这些分数的分数单位分别是多少？它们各有几个相应的分数单位？

比较每个分数中分子和分母的大小，再看看这些分数比1大还是比1小。分子比分母小的分数叫作**真分数**。真分数小于1。

2 把一个圆作为单位"1"。

（1）4个$\frac{1}{3}$是几分之几？在右图中涂色表示。

（2）分别涂色表示下面各分数，并比较每个分数中分子和分母的大小。

$\frac{3}{3}$ $\frac{7}{4}$ $\frac{11}{5}$

> 这些分数比1大还是比1小？

分子比分母大或分子和分母相等的分数叫作**假分数**。假分数大于1或等于1。

由涂色结果可以看出，$\frac{11}{5}$可以看作是由$\frac{10}{5}$（就是2）和$\frac{1}{5}$合成的数。写作：$2\frac{1}{5}$，读作：二又五分之一。像$2\frac{1}{5}$、$1\frac{3}{4}$……这样由整数和真分数合成的数叫作**带分数**。

从例题中可以看出：有些假分数的分子恰好是分母的倍数。它们实际上是整数；有些假分数的分子不是分母的倍数。这样的假分数可以写成带分数。

典型课例——课题5：《分数解决问题》

"喝牛奶问题"涉及的分数比较抽象，常作为数学爱好者研究的智力问题。教材安排这一问题，不仅是紧密联系生活实际，更重要的是渗透用几何直观解决问题的策略。

3 一杯纯牛奶，乐乐喝了半杯后，觉得有些凉，就兑满了热水。他又喝了半杯，就出去玩了。乐乐一共喝了多少杯纯牛奶？多少杯水？

阅读与理解

你知道了哪些信息？写在下面。

第一次：一杯纯牛奶，喝了 _____ 杯。

第二次：兑满热水，又喝了 _____ 杯。

问题：一共喝了多少杯纯牛奶？

分析与解答

> 第一次喝了$\frac{1}{2}$杯纯牛奶，第二次喝了多少杯纯牛奶呢？

> 画图试一试吧。

第一次喝了$\frac{1}{2}$杯纯牛奶。

加满水，水是$\frac{1}{2}$杯，纯牛奶还是$\frac{1}{2}$杯。

又喝了$\frac{1}{2}$杯，这$\frac{1}{2}$杯里，一半是纯牛奶，一半是水。

$\frac{1}{2}$杯的一半是 _____ 杯。第二次喝的纯牛奶是 _____ 杯，水是 _____ 杯。

一共喝的纯牛奶： _____   水： _____

三、六年级上册

典型课例——课题1:《分数乘法计算》

借助动手操作,运用分数的意义和数形结合,理解分数乘法的算理;借助图形直观,在"量""率"转换中实现乘法意义的建构。根据"单位量 × 数量 = 总量",则"每桶水 12 L,$\frac{1}{2}$ 桶水就是 $\left(12 \times \frac{1}{2}\right)$ L"。一方面,要结合直观图强调,看到的 $\frac{1}{2}$ 桶水就是半桶水,即 12 L 水的一半,用分数的语言,就是 12 L 的 $\frac{1}{2}$。至此,"$12 \times \frac{1}{2}$ 可以表示 12 的 $\frac{1}{2}$"的教学难点就解决了。另一方面,再结合情境强调,"12 的 $\frac{1}{2}$"和"$\frac{1}{2}$ 个 12"含义相同,只是表述方式不同而已。这样,就能把分数乘法的意义与整数乘法的意义有机地统一起来,学生便在迁移、类推、比较中自主地理解了分数乘法的意义。

典型课例——课题2:《分数乘法解决问题》

《义务教育数学课程标准(2011 年版)》指出:"借助几何直观可以把复杂的数学问题变得简明、形象,有助于探索解决问题的思路,预测结果。"画图既可以将学生对题意的理解加以外显,又可以将现实情境抽象为数学模型,帮助学生分析和解决问题。因此,学生在问题解决的过程中,首先应明确题目中的信息和问题,并用图(表、符号或操作等)将题目中的信息和问题表示出来。如连续求一个数的几分之几是多少的问题和求比一个数多(或少)几分之几的数是多少的问题,数量之间的关系比较复杂,但用线段图等方式就可以比较清晰、直观地表示出来。教学时,教师要有效运用画图策略,帮助学生理解题意，分析数量关系；而学生可以先从会看示意图入手，逐步学会通过画图分析数量关系，不断提高分析问题和解决问题的能力。

典型课例——课题3：《分数除法计算》

通过操作、观察线段图等方式，直观理解除法算理。教学不仅要使学生"知其然"，更要让他们"知其所以然"。教学例2，可采用画线段图的直观方式呈现推算的思路：由于1小时里有3个$\frac{1}{3}$小时，所以可以先求出$\frac{1}{3}$小时走了多少千米，即先求出$\frac{2}{3}$小时走的2 km的一半（即$\frac{1}{2}$）。并适时追问："$\frac{2}{3}$小时是把1小时平均分成几份，取了其中的几份，有几个$\frac{1}{3}$小时？""求出1份的路程，就能求出3份的路程，而已知2份的路程，该怎么求其中的1份？"结合线段图分析，帮助学生通过对算理的理解，降低对$2 \times \frac{1}{2} \times 3$中每个步骤含义的理解难度，使学生直观地看到由"除以一个分数"到"乘以这个分数的倒数"的转化过程。

2. 分数除法

1 把一张纸的 $\frac{4}{5}$ 平均分成 2 份，每份是这张纸的几分之几？自己试着折一折，算一算。

把 $\frac{4}{5}$ 平均分成 2 份，就是把 4 个 $\frac{1}{5}$ 平均分成 2 份，每份是 2 个 $\frac{1}{5}$，就是 $\frac{2}{5}$。

$$\frac{4}{5} \div 2 = \frac{4 \div 2}{5} = \frac{2}{5}$$

把 $\frac{4}{5}$ 平均分成 2 份，每份就是 $\frac{4}{5}$ 的 $\frac{1}{2}$，也就是 $\frac{4}{5} \times \frac{1}{2}$。

$$\frac{4}{5} \div 2 = \frac{4}{5} \times \frac{1}{2} = \frac{4}{10} = \frac{2}{5}$$

如果把这张纸的 $\frac{4}{5}$ 平均分成 3 份，每份是这张纸的几分之几？

$$\frac{4}{5} \div 3 = \underline{\quad} \times \underline{\quad} = \underline{\quad}$$

根据上面的折纸实验和算式，你能发现什么规律？

2

小明

小红

小明 $\frac{2}{3}$ 小时走了 2 km，小红 $\frac{5}{12}$ 小时走了 $\frac{5}{6}$ km。谁走得快些？

小明平均每小时走：

$$2 \div \frac{2}{3}$$

怎么计算呢？画个图试试吧。

1 小时走了 ? km

$\frac{1}{3}$ 小时走了 ? km

$\frac{2}{3}$ 小时走了 2 km

先求 $\frac{1}{3}$ 小时走的千米数，也就是求 2 的 $\frac{1}{2}$，即 $2 \times \frac{1}{2}$，再求 3 个 $\frac{1}{3}$ 小时走的千米数，即 $2 \times \frac{1}{2} \times 3$。

$$2 \div \frac{2}{3} = 2 \times \frac{1}{2} \times 3 = 2 \times \frac{3}{2} = 3 \text{ (km)}$$

典型课例——课题 4：《分数除法解决问题》

彰显数形结合的思想，培养学生利用画图策略进行思考的能力。例如类似于例 7 中的抽象的"1"，它既可以是"一项工程"，也可以是"一段路程""一池水"等，当无法发现习题中的情境与例 7 中工程问题的内在联系时，可通过画线段图或示意图表示数量关系，引导学生直观地发现相关习题与例 7 中工程问题的数量关系在本质上是完全相同的，从而使学生明白利用画示意图来分析数量关系是解决问题的重要策略，并增强学生自觉运用这一策略的意识。

7 这条道路，如果我们一队单独修，12 天修完。

如果我们二队单独修，18 天才能修完。

如果两队合修，多少天能修完？

阅读与理解

知道了两个队单独修完的时间，要求的是……

可是这条道路有多长？

分析与解答

能不能假设知道这条路有多长呢？

我假设这条道路长 18 km。

我假设这条道路长 30 km。

一队每天修多少千米：_____

二队每天修多少千米：_____

两队合修，每天修多少千米：_____

两队合修，需要多少天：_____

也可以假设这条道路的长度是 1。

那两个队每天修的长度分别是 $\frac{1}{12}$ 和 $\frac{1}{18}$。

$$1 \div \left(\frac{1}{12} + \frac{1}{18} \right)$$
$$= \underline{\qquad}$$
$$= \underline{\qquad} \text{（天）}$$

不同的方法计算出的结果一样吗？

回顾与反思

怎样才能知道以上的解决方法是否正确？把你的想法写下来，和同学交流一下。

不管假设这条道路有多长，答案都是相同的，把道路长度假设成 1，很简便。

答：如果两队合修，_____ 天可以修完。

典型课例——课题5：《圆的周长》

将一个未曾学过的曲线图形的长度转化为可以直接测量的线段的长度，渗透了"化曲为直"的转化思想。在"还可以怎样求圆的周长？"问题的引领下，讨论：圆的周长和什么有关？圆的周长与半径（直径）到底有怎样的关系？这促进学生要有的放矢地寻求更为一般化的求圆周长的方法，为学生自主归纳圆周长的计算公式做好准备。

典型课例——课题6：《圆的面积》《圆环的面积》

充分展示"做"的过程和"思考"的过程，是渗透数学思想方法的有效途径。教学中，要求学生用剪开后的近似于等腰三角形的小纸片拼一拼时，提出"你发现了什么？"的问题，引导学生对比圆与长方形，让其发现形变的过程中图形面积不变，再通过寻找长方形的长、宽与圆的周长、半径之间的关系，推导圆的面积计算公式。

3. 圆 的 面 积

每平方米草皮8元，这个圆形草坪的占地面积是多少平方米呢？

怎样计算一个圆的面积呢？

在硬纸上画一个圆，把圆分成若干（偶数）等份，剪开后，用这些近似于等腰三角形的小纸片拼一拼，你能发现什么？

分的份数越多，每一份就会越小，拼成的图形就会越接近于一个长方形。

这个近似的长方形的长和宽与圆的周长、半径有什么关系？

从上图中可以看出圆的半径是 r，长方形的长近似于（　　），宽近似于（　　）。

因为长方形的面积 =（　　）×（　　），

所以圆的面积 =（　　）×（　　）=（　　）。

如果用 S 表示圆的面积，那么圆的面积计算公式就是：

$$S=\pi r^2$$

典型课例——课题7：《百分数解决问题》

利用线段图，直观呈现数量关系。教学时，可结合线段图，引导学生说清"这里是谁与谁比"，"以谁为单位'1'"，"求得谁是谁的百分之几"等，将图示与言语表征有机融合在一起，加以表达数量之间的关系，使学生对问题与已知条件之间的关系有更为清晰直观的认识，从而帮助学生进一步理解数量关系。

我们原计划造林 12 公顷，实际造林 14 公顷。

你们实际造林比原计划增加了（　）%。

这样的数量关系和分数乘除法问题的数量关系类似。这里是求比原计划多造林的面积是原计划的百分之几。

原计划：｜————————12公顷————————｜比原计划多造的

实　际：｜——————————14公顷——————————｜

$(14-12)÷12=2÷12 ≈ 0.167=16.7\%$

也可以先求实际造林是原计划的百分之几。

$14÷12 ≈ 1.167=116.7\%$

$116.7\%-100\%=16.7\%$

答：实际造林比原计划增加了 16.7 %。

在实际生活中，人们常用"增加百分之几""减少百分之几""节约百分之几"……来表示增加、减少的幅度。

典型课例——课题 8：《扇形统计图》

利用分数的意义理解扇形统计图的特点。由于扇形统计图的模型和认识分数的意义所用的圆的模型完全一致，所以可利用已有知识促进学生迁移类推。例如，整个圆表示全体人数，相当于单位"1"，喜欢乒乓球的人占30%，就相当于把整个圆平均分成 100 份，喜欢乒乓球的人占了其中的 30份。继而在学生理解每个扇形具体含义的基础上，理解扇形统计图的特点。这样不仅可以直观比较各个扇形的相对大小，还能清楚地看出各部分与整体之间的关系。

我们可以用扇形统计图来表示各部分数量与总数之间的关系。

六（1）班最喜欢的运动项目统计图

2012 年 10 月制

上图中的整个圆表示什么？用这样的统计图有什么好处？

各个扇形的大小与什么有关系？

你还能提出什么数学问题吗？

典型课例——课题9：《数与形》

引导学生利用数形结合思想，从不同角度寻找规律。形的问题中包含着数的规律，数的问题也可以用形来解决，让学生通过解决问题体会数与形的完美结合。解决问题既可以从数的角度出发，让学生看看怎样用图形来表示数的规律，也可以让学生寻找图形中所包含的数的规律。从而通过数与形的对应关系，互相印证结果，让学生感受数学的魅力。在探究发现模式、应用模式的过程中，给学生渗透数形结合、归纳推理等数学思想。

通过数与形的比照，引导学生从不同角度探索规律。例如，通过观察与计算 1，$1+3$，$1+3+5$，$1+3+5+7$，…既能发现加数的规律，又能发现和的规律。在发现规律的基础上，通过推理，逐步抽象，形成模式，再引导学生把规律应用于一般的情形中，从而解决问题。这样的一个教学过程，既是学生自主探究获取知识的过程，更是有机渗透数学思想方法的过程，使学生在潜移默化的过程中体会与领悟数形结合和归纳推理的思想。在利用数形结合思想解决问题的过程中，学生积累基本的学习数学的经验，培养其基本的数学思想。例如，在例2教学中，让学生通过计算，发现和越来越趋向于1，感受什么叫"无限接近"。虽然无法——穷举所得的结果，但可以利用观察到的规律进行"无穷无尽"的类推，使学生在这一过程中体会推理和极限的思想。

四、六年级下册

典型课例——课题1：《圆柱的表面积》

猜想"圆柱的侧面展开后是什么形状"，继而动手操作，沿着高剪开圆柱形罐头盒的商标纸，自主发现圆柱侧面展开图是一个长方形。通过操作、验证、比较，引导学生进一步想象与思考：这个长方形的长、宽与圆柱有什么关系？把这个长方形重新包在圆柱上，你能发现什么？这样既能帮助学生建立对圆柱侧面的清晰表象，实现"曲面"与"平面"的相互逆转，又能揭示长方形的长和宽与圆柱底面周长和高的对应关系。

（1）圆柱的侧面展开后是什么形状？把罐头盒的商标纸如下图所示那样剪开，再展开。

圆柱侧面展开后得到一个长方形。

（2）这个长方形的长、宽与圆柱有什么关系？把这个长方形重新包在圆柱上，你能发现什么？

我们发现，长方形的长等于圆柱底面的周长，宽等于圆柱的高。

典型课例——课题2：《圆柱的体积》

将圆等分成若干份再拼成近似长方形，将这一原有知识经验作为思维的生长点，从平面的知识类推到立体的图形，即先将圆柱的底面分成许多相等的扇形，再把圆柱切开，拼成一个近似的长方体，继而让学生想象，等分成的份数越多，拼成的形体越接近长方体。整个教学过程，通过学生的观察、操作与想象，使极限思想、转化思想有机地渗透在教学活动之中。最后，把拼成的长方体与原来的圆柱做比较，引导学生观察与推理，得出转化前后的圆柱与长方

圆柱的体积

我们会计算长方体和正方体的体积。圆柱的体积怎样计算呢？能不能将圆柱转化成我们学过的立体图形，计算出它的体积呢？

把圆柱的底面分成许多相等的扇形。

把圆柱切开，再像这样拼起来，得到一个近似的长方体。

分成的扇形越多，拼成的立体图形就越接近于长方体。

把拼成的长方体与原来的圆柱比较，你能发现什么？

这个长方体的底面积等于圆柱的_____，高等于圆柱的_____。
由长方体的体积等于底面积乘高可以得到：

圆柱的体积＝底面积 × 高

$V = Sh$

如果知道圆柱的底面半径 r 和高 h，你能写出圆柱的体积公式吗？

圆柱的体积计算公式是：

$V = \underline{\qquad}$

体各部分之间的对应关系，从而推导出圆柱的体积计算公式的两种形式。

典型课例——课题3：《正比例》《反比例》

引导学生找准并把握概念的"关键词"非常必要，如提出"要判断两个

量是不是成正比例，要具备哪几个条件？"引导学生用言语、图像、关系式等不同方式加以表征，以揭示概念的本质，加深对概念的理解。成正比例关系的要点：有两个量且是相关联的量，一个量随着另一个量的变化而变化；两个量之间的比值不变。在此基础上，揭示什么是成正比例的量（总价与数量），什么是正比例关系（总价与数量的关系）。最后，教材利用数学化的字母符号来表征这一变化规律，使学生体会抽象与模型的数学思想。

上页表中的数据还可用图象（如下图）表示：

根据图象回答下面的问题：
（1）从图中你发现了什么？
（2）把数对（10，35）和（12，42）所在的点描出来，并和上面的图象连起来并延展，你还能发现什么？
（3）不计算，根据图象判断，如果买9 m彩带，总价是多少？49 元能买多少米彩带？
（4）小明买的彩带的米数是小丽的2倍，他花的钱是小丽的几倍？

你能举出生活中正比例的例子吗？

如果汽车行驶速度一定，路程与时间成正比例关系。

正方形的周长与边长成正比例关系。

◎ 你知道吗？◎

反比例关系图象

反比例关系也可以用图象来表示，例如，上页表格中的数据可以用右面的图象表示。

反比例关系的图象是光滑的曲线，由右面的图象，你能看出杯子的底面积分别是40 cm²、50 cm²、55 cm²时，水的高度分别是多少吗？

典型课例——课题4：《比例尺》《图形的放大与缩小》

比例尺的概念；比例尺的不同表示形式（数值比例尺和线段比例尺）及其线段比例尺转化为数值比例尺的方法；沟通比例尺与分数的关系；用比例尺表示把实际距离缩小画在图纸上，并介绍生活中把实际距离放大的情况等。图形的放大与缩小，让学生感知图形按一定的比例放大或缩小后，只是大小发生变化，形状没有变化，从而体会图形的相似变化特点。例4 则是引导学生进一步研究图形放大与缩小的特点。

4 按2:1 画出下面三个图形放大后的图形。

三角形的两条直角边放大到原来的2 倍。斜边是否也变为原来的2 倍呢？

按2:1 放大，就是把各边的长放大到原来的2 倍。

观察一下放大后的图形与原来的图形，比较它们的内角、边长、周长，什么变了？什么没变？

你能发现什么？

如果把放大后的正方形按1:3，长方形按1:4，三角形按1:2 缩小。各个图形又会发生什么变化？在方格纸上画画看。

典型课例——课题5：《数学思考》

"从2个点开始，逐渐增加点数，找找规律"，即增加点的同时，有顺序地连线，并记录线段增加的条数，理解其中的原理，逐步发现规律。将不同点数连成的线段数用算式表示出来，可使规律进一步显现并清晰，为表述规律提供支撑。"根据规律，你知道12个点、20个点能连多少条线段吗？请写出算式。"，这既是规律的运用，也可以借此提炼计算方法。"想一想，n个点能连多少条线段?"，既可以培养学生的数学表达能力，也可以发展代数思想。

4. 数 学 思 考

数学思想和方法可以帮助我们有条理地思考，简捷地解决问题。你能举例说一说你知道哪些数学思想和方法吗？

1. 6个点可以连多少条线段？8个点呢？

太乱了，我都数昏了。

别着急，从2个点开始，逐渐增加点数，找找规律。

点数					
增加条数		2	3	4	
总条数	1	3	6	10	

3个点连成线段的条数：1+2=3（条）

4个点连成线段的条数：1+2+3=6（条）

5个点连成线段的条数：1+2+3+4=10（条）

6个点连成线段的条数：_____

8个点连成线段的条数：_____

根据规律，你知道12个点、20个点能连多少条线段吗？请写出算式。

想一想，n个点能连多少条线段？

第四章 经典案例：

数形结合典型案例呈现

在小学数学数形结合典型案例研究过程中，一线的课题组教师，以人教版小学数学（2013 年）1—12 册教材为基本内容，选取其中典型的数形结合实例展开教学，形成经典案例。这些典型案例将数、数量关系式、运算过程等与图形、图像完美一一对应。其中现代技术手段——微课的运用，旨在充分利用微课的优势变抽象为形象，帮助学生突破学习思维难点，促进不同层面学生的学习与发展。

本章数形结合典型案例分为"以形助数"和"以数解形"两个小节。

第一节 以形助数的典型案例

案例1 数的排列规律

【适用年级】一年级（下学期）

【学习内容】人民教育出版社 2013 年第 1 版《义务教育课程标准实验教科书 数学》一年级下册第 87 页。

【学习过程】

一、回顾重复排列规律

1. 小游戏

小游戏：剪刀石头布

5　2　5　2　5　2　5　2　5　2

小结：手势有规律，手指数也有规律。可以从不同角度观察，发现规律。

2. 用不同方式表述规律

（1）用手打拍子：一下、三下、一下、三下……

（2）用小正方形或者数字表示打拍子的规律。

1　　3　　1　　3　　1　　3

（3）用语言描述小正方形的排列规律与数字的排列规律。

小结：数字表示的是相对应的那组图形的小正方形的个数，所以图形的排列有什么规律，数字的排列就有什么规律。在这里，图形和数字可以表示相同的规律，只不过形式不同。

（4）让学生试一试：图形接着摆一组，数字接着写一组。

二、通过数形对应感知规律

1. 找一找

3　　6　　9　　12　　15　　18　　21

+3　+3　+3　+3　+3　+3

利用一一对应思想，将每组图形相对应的小正方形个数用数字表示

87

出来。

小结：图形的规律是依次增加 3 个小正方形，与图形一一对应的数字的规律是依次增加 3。变的是图形中小正方形的个数不断增加，不变的是增加的小正方形的个数都是 3。

2. 比一比

小结：上面一组图形的规律是重复排列，下面一组图形的规律是依次增加 3 个小正方形。

3. 递减规律

（1）找一找。

找规律，填数。

（2）比较递增、递减规律。

比一比

小结：相同点是图形与数字都不是重复出现的。不同点是上面一组图形的小正方形是依次增加相同的个数（后一个数比前一个数多几），下面一组图形中的小正方形是依次减少相同的个数（后一个数比前一个数少几）。

三、探究等差数列排列规律

1. 找一找

例题：通过计算相邻两个数的差来寻找规律。

（1）5　　10　　15　　20　　25　　30　　35

$+5$　　$+5$　　$+5$　　$+（5）$　　$+5$　　$+5$

（2）24　　20　　16　　12　　8　　4　　0

-4　　-4　　$-（4）$　　$-（4）$　　-4　　-4

小结：像这样，每相邻两个数中后一个数减前一个数的差都是一样的数列，叫做等差数列。

2. 运用知识

习题1. 找规律填数。

（1）7　11　15　＿＿＿　＿＿＿　27　31　35

（2）36　30　24　18　＿＿＿　＿＿＿　＿＿＿

习题2. 下面各题中都有一个数不符合规律，把它圈出来，并改正在横线上。

（1）5　10　15　16　25　30　＿＿＿

（2）88　77　66　55　45　33　＿＿＿

（3）13　23　33　43　53　73　＿＿＿

习题3. 找规律，填一填。

			50			

【学习分析】

本节课的内容是在学生初步理解了规律的含义，能发现有循环组的简单图形和数字排列规律并能表述出来的基础上进行教学的。由有循环组的简单图形和数字排列规律到认识等差数列的排列规律，这个过程符合学生思维发展的规律，且结合了数学学科的具体教学内容，具有浓厚的数学味道；由易到难的编排层次，既加深学生对规律的认识和理解，又提升学生的观察力、概括归纳能力以及语言表达能力。

【微课运用】

1. 微课内容介绍

马鞍山市新工房小学：王 艳 录制时间：2017 年 6 月 微课时间：2 分钟以内	
微课名称	《等差数列排列规律》
知识点来源	学科：小学数学 年级：一年级下 教材：2013 年人教版 页码：第 87 页
基础知识	重复排列规律的相关知识
教学类型	启发型、讲授型
适用对象	一年级学生、小学数学教师
教学过程	
片头（5 秒以内）	比一比：排列规律有什么相同与不同的地方？
正文讲解 （1 分 55 秒）	1. 比较重复排列规律与递增规律的异同点。 （1） （2） 结论：（1）是有循环组的简单图形重复排列规律。 　　　（2）是依次递增的排列规律。 2. 比较递增规律与递减规律的异同点。 3. 递增递减的排列规律：后一幅图在前一幅图基础上发生了变化。发生了什么变化？怎样变化的？什么没变？像这样，每相邻两个数中后一个数减前一个数的差是一样的数列，叫做等差数列。

2. 微课对本节课的作用

本节微课进行了两次比较：一是比较重复排列规律与递增规律的异同点；二是比较递增递减数列的排列规律的异同点。教学第一部分引导学生发现：以前认识的排列规律是一组图形或数字重复出现，而今天学习的这些图形与数字不是重复出现的，是依次增加相同的个数。教学第二部分，让学生通过自主探究发现图形与数字的规律，并且通过比较、概括发现这两组规律的不同之处，再利用图形与数字的一一对应，让学生对等差数列的变化排列规律有了初步的认识。微课做了完整的总结，对教学起到了画龙点睛的作用。

【数形结合思想的体现】

图形与数字对应——寻找规律

本节课主要教学等差数列的排列规律：即后一项是前一项加上或减去同一个固定的数得到的。本节课的内容是在学生能发现图形或数字排列的简单规律，理解规律的含义并能描述和表示规律，同时会根据发现的规律进行推理、确定后续图形或数字的排列方式的基础上进行教学的。

本节课的教学重点是加深学生对规律的理解，发现等差数列的规律并会表述出来，会运用发现的简单规律确定后一项或者其他缺失的项；教学难点是能够表述发现的规律。

图形变化，感受规律。本节课学习的规律虽然不再是通过简单的重复得到的，而是每组图形、每个数或每组数都在变，但其中一定还隐藏着不变的东西，所以要找到这些不变的东西才能找到变的规律。教学案例中图形的变化很直观，三个一组逐次增加或2个2个地减少，学生直观感受到图形个数的增多或减少，便于学生发现"变"中"不变"的规律，体会图形背后的共同规律。如教师提问"摆图形与画图形时有什么感觉？是不是觉得很麻烦？"来启发学生：能不能用更简单的方法把这样的规律也表示出来？如果按这样的规律再往后摆一组图形，应摆几个？为什么？如果按这样的规律再表示出几组，是愿意摆图形还是写数字呢？通过直观的动态演示与教师的引导，利用图形与数字的一一对应，让学生在直观认识的基础上初步抽象出等差数列的一般规律，渗透数形结合的数学思想。

比较规律，提炼方法。通过各环节层层过渡与递进，学生已经完全能借助方法的迁移，顺利地通过由对图形排列规律的研究过渡到对等差数列的研究，完整地经历了从直观到抽象的认知过程。找规律时，要善于发现数与数之间的和差关系。有的题有图形辅助，同时为帮助学生从数量上寻找规律，还将相邻两个数的关系（加几或减几）标注出来了。有的题没有图形，只有数，通过观察找出数的排列规律，抽象程度更高。总结等差数列的概念：像这样，每相邻两个数中后一个数减前一个数的差都是一样的数列，叫做等差数列。等差数列规律的表达方式是多种多样的，但背后体现的规律只有一个。找规律就是要找这些图形、数列背后隐藏着的"不变"的东西。回顾本课所学知识，对其进行简单梳理，通过归纳与提炼，学生理解找规律的本质，初步渗透"变与不变"的数学思想。

执　　教：安徽省马鞍山市新工房小学　　王　艳

安徽省马鞍山市山南小学　　俞洁文

案例撰写：安徽省马鞍山市山南小学　　俞洁文

安徽省马鞍山市新工房小学　　王　艳

案例2　玩转乘法口诀

【适用年级】二年级（上学期）

【学习内容】人民教育出版社 2013 年第 1 版《义务教育课程标准实验教科书　数学》二年级上册第 101 页。

2. 仔细观察，在空格里填上相应的积。

（1）任意指一个积，说出所用的乘法口诀。

（2）观察每行或者每列数，你能发现什么规律？

（3）下面的表格是上表中的一部分，请把它们填完整。

【学习过程】

一、算一算，快速求积

1. 仔细观察，在空格里填上相应的积

（1）明确表中积的算法。

①向左找到第一个乘数，向上找到第二个乘数。②约定第几行、第几列。

了解行、列规定，理解行数、列数与两个乘数之间的关联。③探究第一个乘数与第几行的关系，第二个乘数与第几列的关系。

×	1	2	3	4	5	6	7	8	9
1	1								
2		4							
3			9						
4				16					
5					25				
6						36			
7							49		
8								64	
9									81

小结：第几行的空第一个乘数就是几，第几列的空第二个乘数就是几。

（2）试填表中的积。

①第一个乘数怎么找，第二个乘数怎么找？②第一个乘数在第几行，第二个乘数在第几列？③算出指定位置上的积，并完整叙述：第几行第几列的积是多少。

小结：第一个乘数与行数对应，第二个乘数与列数对应。

（3）快速找出表中的错误。

①快速找出表中的一处错误，并说出位置。②缩小寻找范围，具体在哪一行找错误。

小结：第几行相邻的积就相差几，第几列相邻的积也相差几。

（4）观察玩转乘法口诀板贴。

①数一数表中有多少个积。②观察同一行的积的关系，同一列的积的关系。

2. 练一练

（1）4×8 的积在第（　　）行第（　　）列。

（2）第 6 行第 7 列的积是（　　）。

（3）第 3 行的积 18 在第（　　）列。

（4）第 5 列的积 40 在第（　　）行。

小结：表中的空有 9 行 9 列，一共有 81 个积。先向左找到第一个乘数，即空所在的行；再向上找到第二个乘数，即空所在的列；行数乘列数，算出积。

二、找一找，快速定位

1. 快速找出表中的积

（提供表格：找一找，快速定位）

（1）学生活动，限时 1 分钟。

（2）反馈探究结果。

①找到积 18 的 4 个位置。②用算式表示每个位置上的积。③探究快速找到积的方法。

小结：由积想口诀，由口诀想算式，由算式确定位置，可以快速找到指定的积。

2. 探究积出现的次数

（1）找一找表中出现 4 次的积，出现 3 次的积，出现 2 次的积，出现 1 次的积。

（2）反馈探究结果。

①出现 4 次的积，如 $12 = 3 \times 4$，$12 = 4 \times 3$，$12 = 2 \times 6$，$12 = 6 \times 2$。

②出现 3 次的积，如 $36 = 6 \times 6$，$36 = 4 \times 9$，$36 = 9 \times 4$。

③出现 2 次的积，如 $35 = 5 \times 7$，$35 = 7 \times 5$。

④出现 1 次的积，如 $25 = 5 \times 5$，$49 = 7 \times 7$。

小结：能写成两个乘数相同的积可能出现 1 次或 3 次。

三、猜一猜，单行单数填表

1. 已知某行的一个积，填出其他的积

（1）猜一猜、填一填，探究同一行相邻积的关系。

（2）反馈探究结果。

以积 21 为例。

	第（6）列	第（7）列	第（8）列
第（3）行	18	21	24

（图 1）

	第（2）列	第（3）列	第（4）列
第（7）行	14	21	28

（图 2）

第一种情况：三七二十一，$21 = 3 \times 7$，21 可以在第 3 行第 7 列。左边为第 6 列，积是 $3 \times 6 = 18$。右边为第 8 列，积是 $3 \times 8 = 24$。第 3 行用的都是 3 的口诀。

第二种情况：三七二十一，$21 = 7 \times 3$，21 可以在第 7 行第 3 列。左边为第 2 列，积是 $7 \times 2 = 14$。右边为第 4 列，积是 $7 \times 4 = 28$。第 7 行用的都是 7 的口诀。

（3）观察所填表格，发现同一行相邻两个积的关系。

小结：由积 21 的口诀确定 21 可能在第 3 行或第 7 行两种情况，再观察同一行相邻两个积的列数关系，求出积 21 的左右邻居。

2. 已知某列的一个积，填出其他的积

（1）变一变单行单数，竖起来成单列单数。

（2）两种情况，反馈探究结果。

还是以积 21 为例。

	第（3）列	
	18	
第（7）行	21	
	24	

（图 3）

	第（7）列	
	14	
第（3）行	21	
	28	

（图 4）

第一种情况：21 在第 3 列第 7 行，$21 = 7 \times 3$。上面的积为 $6 \times 3 = 18$，下面的积为 $8 \times 3 = 24$。

第二种情况：21 在第 7 列第 3 行，$21 = 3 \times 7$。上面的积为 $2 \times 7 = 14$，下面的积为 $4 \times 7 = 28$。

（3）从上至下观察所填的表格，发现规律。

小结：第几列的积，从上至下依次增加几，第几行的积从左至右依次增加几。

四、比一比，双行双数填表

由单行单数迁移至双行双数。

	21	
	28	

18	21	24
24	28	32

方法：21 和 28 相差 7，21 和 28 都在第 7 列。21 在第 3 行，左边的积是 18，右边的积是 24。28 在第 4 行，左边的积是 24，右边的积是 32。

小结：双行双数的表格，能确定在哪一列，因此只有一种填法。

五、变一变，双行单数填表

由双行双数迁移至双行单数。

	63	

48	54
56	63

48	56
54	63

第一种情况：七九六十三，63 在第 7 行第 9 列。上面一个数在第 6 行第 9 列，积为 $6 \times 9 = 54$；左边一个数在第 7 行第 8 列，积为 $7 \times 8 = 56$；56 上面一个数在第 6 行第 8 列，积为 $6 \times 8 = 48$。

第二种情况：七九六十三，63 也可以在第 9 行第 7 列。上面一个数在第 8 行第 7 列，积为 $8 \times 7 = 56$；左边一个数在第 9 行第 6 列，积为 $9 \times 6 = 54$；54 上面一个数在第 8 行第 6 列，积为 $8 \times 6 = 48$。

小结：已知的积能写成几个不同的算式，不能确定这个积在哪一行或哪一列，可能有多种情况。

【学习分析】

本节课的学习建立在"表内乘法口诀"等知识的基础上，运用乘法口诀进行简单的口算，感性认识乘数与积之间的关系。9 行 9 列的积与行数、列数一一对应，让学生快速填出表中的积，可有效提高学生的乘法口算能力，这有意识地渗透了数形结合思想。单行单数填表、单列单数填表的探究，培养了低年级学生的数学观察能力和逻辑推理能力。在探究过程中，学生主动建构了从积到口诀、从口诀到乘法算式、从乘法算式到表中位置的思维链条，这样的思维训练对学生灵活运用乘法口诀有极为重要的意义。由双行双数填表迁移到双行单数填表，二年级学生初步体会到灵活运用知识解决问题所带来的魅力，增强他们在今后的学习中主动运用所学知识灵活解决问题的情感体验。

【微课运用】

1. 微课内容介绍

马鞍山市四村小学：殷晓丹　录制时间：2017 年 4 月　微课时间：40 秒以内	
微课名称	《行和列》
知识点来源	学科：小学数学　年级：二年级上　教材：2013 年人教版　页码：第 101 页
基础知识	表内乘法及乘法口诀
教学类型	讲授型、演示型
适用对象	二年级学生、小学数学教师
教学过程	
片头（5 秒以内）	第一个乘数 5 在哪一行？第二个乘数 3 在哪一列？
正文讲解 （35 秒以内）	1. 确定行。乘号这行不算，第 1 行、第 2 行、第 3 行、第 4 行、第 5 行，第一个乘数 5 在第 5 行。 2. 确定列。乘号这行不算，第 1 列、第 2 列、第 3 列，第二个乘数 3 在第 3 列。

2. 微课对本节课的作用

播放微课时约定行数和列数。第几行与第一个乘数之间的对应关系，第几列与第二个乘数之间的对应关系，是列出乘法算式的前提，是本节课探究乘法口诀之间内在联系的起点和关键。微课可利用彩色条形图引领学生数出第几行第几列。观察表格，发现第几行的第一个乘数即是几，第几列的第二个乘数就是几，在数和形之间建立一一对应的关系。微课清晰简练的语言给学生留下深刻的影响，为根据行列写出乘法算式打下坚实的基础。

【数形结合思想的体现】

数形结合——数形转换

9×9表格填积——形到数的转换。观察表格的行列，填出相应的积。第几行第几列，对于二年级学生来说能接受，但应用起来有一定的难度，需要有一定的知识经验。而在9×9表格中填积，就是帮助学生初步建立行和列的模型，并运用行、列数据算出相应的积。如果说9×9表格的行列是"形"的概念，那么由此而列出的算式以及算出的积就是与之相对应的"数"，观察表格中的空到填出空中的积可以说是从形到数的转换。

快速定位的探究——数到形的转换。找出表中指定的积，首先想到积的乘法口诀。一个积有多种组合，每种组合对应一个乘法算式，而每一个乘法算式又对应一个特定的位置（第几行第几列），即第一个乘数与行数相对应，第二个乘数与列数相对应。如果说积是一个"数"，那么由此而引申出的行、列及相应的位置就是"形"，给定积并找出位置可以说是从数到形的转换。

单行单数填表（单列单数填表）——数形互换。根据表中单独的一个数，确定可能的行数（或列数），实现由数到形的转换；再根据所在的行（或列）的特征，填出表中其他的积，实现从形到数的转换。数形自然结合，数形不分家，数形互换，是解决问题的需要，也是学生主动思考的需要。

双行双数填表（双行单数填表）——数形相互制约。双行双数制约的那些数只能在某一行（或某一列），确定了行（或列），表格中的其他积也就能唯一确定了。而双行单数，因单数可能所在的行（或列）有多种情况，与之相对应的表格中的积也就有多种情况。可以说，因双数而制约了形的唯一，也可以说因单数位置的多样性而产生了表格中积的多种可能性。

执　　教：安徽省马鞍山市四村小学　殷晓丹

案例撰写：安徽省马鞍山市四村小学　殷晓丹

案例3 笔算两位数乘两位数

【适用年级】 三年级（下学期）

【学习内容】 人民教育出版社 2013 年第 1 版《义务教育课程标准实验教科书 数学》三年级下册第 46 页。

【学习过程】

一、回顾两位数乘一位数口算和笔算方法

15×3 怎样口算、笔算？

10	5
10×3= 30	5×3= 15

30+15= 45

十 个
1 5
× 3
4 5

小结：口算两位数乘一位数时可以把两位数分成整十数和一位数，和乘数分别相乘后，再把两次相乘的积相加。笔算两位数乘一位数时可以用一位数分别和两位数的个位和十位上的数相乘，但要注意进位。

二、探究两位数乘两位数笔算方法

（1）根据主题图信息提出数学问题，列出算式。

每套书有14本，王老师买了12套。

（2）估一估 $14×12$，培养学生数感。

（3）口算 $14×12$，展示多样化的数学理解。

①出示活动要求（提供学具：点子图）。

用以前学过的知识求出 $14×12$ 的结果，把方法在点子图上圈出来，算一算一共有多少本书？

②展示学生的思考方法。

14×12　把（14）分成（9）和（5）
先算：12×9=108　12×5=60
再算：108+60=168

14×12　把（12）分成（6）和（6）
先算：6×14=84　6×14=84
再算：84+84=168

方法1：把14分成9和5，$12 \times 9 = 108$，$12 \times 5 = 60$，$108 + 60 = 168$。

方法2：把12分成6和6，每一部分都是 $14 \times 6 = 84$，$84 + 84 = 168$。

14×12　把（14）分成（10）和（4）
先算：12×10=120　12×4=48
再算：120+48=168

14×12　把（12）分成（10）和（2）
先算：10×14=140　14×2=28
再算：140+28=168

方法3：首先把14分成10和4，然后分别用10和4乘12，最后相加得168。

方法4：先把12分成10和2，再用14分别乘10和2，最后 $140 + 28 = 168$。

小结：借助点子图来分析问题，这是一种数形结合的思想方法。上述方法都是把其中一个两位数分成两个一位数或分成整十数和一个一位数，这样就把新知识转化成了学过的旧知识。

③优化口算方法。

小结：口算两位数乘两位数时，把其中一个两位数分成整十数和一位数更有普遍性，计算也更方便。

（4）尝试笔算 14×12，构建竖式模型。

①把口算的过程用竖式的形式表现出来。

14 × 10 = 140
14 × 2 = 28
140 + 28 = 168

14×12＝168

14×2=28
14×10=140
140+28=168

②分析学生的探究结果。

上面左一图中，结果虽然正确，但没有计算的过程。左二图中，做题写了3道横式和3道竖式，过程太麻烦。左三图中，加号可以去掉，140的0也可以省略不写。左四图中，笔算过程既规范又简单，这样的竖式值得推广。

③想一想：14×12的笔算过程。（播放微课）

④在计算23×13时，用到哪些口诀？（出示点子图）这些口诀在点子图中能找到它们的位置吗？

我国台湾用"视窗"来记录心算结果。

小结：可以把23分成20和3，13分成10和3，每一部分分别相乘，把这样4次相乘的积相加就是最后的结果。

【学习分析】

"笔算两位数乘两位数"是在学生学习了表内乘法及多位数乘一位数的基

102

础上安排的内容，也是后续学习"三位数乘两位数"的基础。教学本课前，对 111 名学生进行了前测，要求用自己的方法计算 14×12 的结果。

学生计算 14×12 的结果统计表

答案	168	108	128	28	18	没有	其他
人数	23	23	8	8	7	7	35
比率	20.7%	20.7%	7.2%	7.2%	6.3%	6.3%	31.6%

通过分析，获取了以下信息：

（1）计算正确的有 23 名同学，除了 7 名同学直接写出答案外，其他同学都有其计算的道理。

（2）错误算法中的有些答案是可以通过估算直接排除的，可见学生缺乏自觉估算的意识。

（3）部分学生对于笔算的顺序以及积的书写位置是有困惑的，这一点恰恰是本节课的教学重点。

比较新、旧人教版教材，情境类似，主题图中的数据由 24×12 改成了 14×12，新教材中增加了点子图解释算法。这样的编排依据是学生这一阶段的认知规律，用较多的动手操作和直观表象作为支撑，学生通过数形结合理解算理，掌握算法，培养推理能力。

【微课运用】

1. 微课内容介绍

马鞍山市四村小学：唐　明　录制时间：2017 年 4 月　微课时间：80 秒以内	
微课名称	《14×12 的笔算方法》
知识点来源	学科：小学数学　年级：三年级下　教材：2013 年人教版　页码：第 46 页
基础知识	14×12 的口算方法、两位数乘一位数的笔算
教学类型	讲授型、演示型
适用对象	三年级学生、小学数学教师
教学过程	
片头（5 秒以内）	同学们，怎样笔算 14×12 呢？

正文讲解 （75 秒以内）	 笔算 14×12 时，先用个位上的 2 乘 14 等于 28，这是我们以前学过的两位数乘一位数。再用十位上的 1 乘 14 等于 140，写在竖式的第二层位置。 最后把两次相乘的积加起来，得 168。这里的 28 就是 14×2 的积，表示 2 套书的本数；140 是 14×10 的积，表示 10 套书的本数。为了书写方便，140 的 0 可以不写，但要注意在竖式中 14 的 4 和十位对齐，因为它表示 14 个十。

2. 微课对本节课的作用

学生已经有两位数乘一位数的笔算经验，两位数乘两位数就是在此基础上再增加两位数乘整十数，然后将两次相乘的积相加。但乘的顺序及各部分积的书写位置是部分学生困惑的地方和教学的重点。虽然新教材中没有出现明确的算法的概括，但让学生梳理算法还是很有必要的。微课将点子图、口算和笔算方法同步出示，将算法、算理相结合，通过直观、具体的"形"，为学生理解抽象、深奥的"理"架起了一座桥梁，渗透了转化思想、数形结合思想。

【数形结合思想的体现】

"以形"领悟算理 "助数"构建模型

《义务教育数学课程标准（2011 年版）》将"运算能力"作为 10 个核心概念之一重新提出，充分表明运算能力在数学教学中的地位和作用。然而，很多教师对运算能力的理解，偏重于熟练掌握计算法则，以便在计算题目时能做到又对又快。通过对学生的前测发现，多数学生掌握的是计算的流程，而对于为什么要这样计算，竖式又是怎样演变的，这些在学习过程中都没有深究。

费赖登塔尔说过："理解算理最好的途径是发现它，没有什么比自己的发现更令人信服，如果不给学生必要的时间，如果算法是生硬地灌输，随之而来的必然是一个糟糕的反应。"

在本节课的教学中，理解算理是难点，而难点的突破需要借助数形结合。那"数"与"形"在何处结合呢？

在学生自主探究 14×12 时，适时引出点子图，作为学生的研究素材。学生将数与形对应，其思维空间非常开阔，每一种方法都真实记录了思维过程。利用点子图目的是放手让学生尝试、探索两位数乘两位数的计算方法，经历用图示表征解释算法的过程，让思维轨迹在点子图上留下痕迹。

通过展示、交流、讨论，让学生从事数学活动，明确如何划分点子图、如何用算式表征算法，从而建立图形表征、算式表征和计算方法之间的联系。虽然学生计算的方法不完全相同，但都是采用"先分后合"的思路，这一点恰恰是乘法竖式计算的基本思路。

当利用四步乘法口诀进行竖式计算时，让学生借助点子图寻找竖式中每一步的计算结果，并写在图中相应的位置。接着将点子图抽象成矩形图，说明整十数与整十数相加，即在竖式计算中出现第二层的错位现象，进而让学生理解笔算两位数乘两位数的计算顺序及隐藏的算理。

通过微课的学习，学生自然地把直观操作、口算过程、竖式理解有机地联系起来，实现了算理与算法的沟通、直观与抽象的沟通、点子图与竖式的沟通，从而在自我建构中理解了算理、掌握了算法。

在以往教学《笔算两位数乘两位数》时，讲解没有使用过点子图，学生找不到一个比较直观的依托，对算法、算理的理解只能借助教师的语言描述，显然，这缺乏了直观图式的呈现，学生表面上会运算但不理解算理。而本案例中的点子图，作为直观模型，具有抽象性和概括性，为学生直观地理解算法提供了帮助，让学生在运算的过程中做到眼中有"数"，脑中有"形"。

执　　教：安徽省马鞍山市四村小学　唐　明
案例撰写：安徽省马鞍山市四村小学　唐　明

案例4 24时计时法

【适用年级】 三年级（下学期）

【学习内容】 人民教育出版社 2013 年第 1 版《义务教育课程标准实验教科书　数学》三年级下册第 82—83 页。

【学习过程】

一、课前微课

二、回顾导入

（1）回顾一天的时间，交流学生的记录。

师：你知道他用的是哪一种计时法吗？

师：12时计时法与24时计时法有什么区别和联系呢？通过今天的学习同学们就会明白了。

（2）揭示课题（板书：24时计时法）。

三、探究新知

1. 创设情境，建立"1天＝24小时"的时间概念

（1）激活学生的生活经验。

师：你知道一天有多少小时吗？

（2）明确一天开始的时刻。

师：一天的24小时是从什么时刻开始的呢？（播放新年倒计时的视频。）

（3）感受时间的连续性。

师：我们常常在睡梦中迎来新的一天，这一天24小时我们是怎样度过的呢？让我们带着问题，观察钟面的转动，一起回忆一下吧。（播放微课）

师：同学们现在有答案了吗？谁来和大家做个交流。

2. 化曲为直，创造"时间尺"

（1）初步创造"时间尺"。

师：时间在悄悄地流逝，看不见也摸不着，那我们怎么测量它呢？

师：测量物体的长度，我们要用尺子。其实，钟面上也藏着计量时间的尺子，你能发现吗？

把一天中时针第一圈转过的刻度取下，拉直；再把第二圈的刻度取下，拉直，就得到了一天的"时间尺"。

师：观察这把时间尺，是我们已经学会的 12 时计时法，从中找一个时间，说说这个时间你在干什么？

师：在 12 时计时法中，我只说 7 时你能区分是哪个 7 时吗？（学生交流）看来在 12 时计时法中，时间词很关键，缺了它，时间就会混淆。而 24 时计时法不用时间词也不会混淆，你想认识它吗？

（2）借助"时间尺"，比较两种计时方法的异同，并互相转化。

师：24 时计时法起点处应该标几？晚上 7 时在 24 时计时法中是多少？其他的刻度你会用 24 时计时法表示吗？请你尝试写一写。（全班交流）

师：老师这里的时间尺还没有完成呢，请同学们帮帮忙？你想填一个吗？你是怎么想的？（7 时、13 时、24 时）这在钟面上是第几圈？

师：同学们已经会用 24 时计时法表示时间了。（学生静静地思考）12 时计时法和 24 时计时法，哪部分不变？哪部分变了，怎么变的？为什么第二圈的刻度要加上 12 呢？

小结：12 时计时法和 24 时计时法，有时间词的就是 12 时计时法，没有时间词的就默认为 24 时计时法。时针经过的第一圈，表示时间的数不变；时针经过的第二圈，从下午 1 时开始，24 时计时法表示时间的数比 12 时计时法多 12。（板书：第二圈的时间 +12）

师：现在你能把 12 时计时法和 24 时计时法互相转化吗？请你在 12 时计时法中任意选几个时刻，用 24 时计时法表示。在 24 时计时法中任意选几个时刻，用 12 时计时法表示。

师：你会向老师这样提出问题给小朋友解答吗？

师：24 时计时法为什么就不用时间词了呢？你喜欢哪一种计时法？说说你的观点。

小结：12 时计时法是我们国家的计时方法，而 24 时计时法是世界通用的计时方法。24 时计时法简单方便。地球自转一圈需要 24 小时，于是人们把地球分为 24 个时区，与 24 小时对应起来。

（3）完善"时间尺"。

师：时间永不停息，一直在走着，刚才我们共同画出今天的时间尺，明天的时间尺该往哪个方向接着画呢？（出示明天完整的时间尺）

师：今天的 24 时再过 1 小时是什么时间？

小结：今天的 24 时即表示今天的结束，又表示明天的开始。

师：昨天的时间尺应往哪个方向画呢？（出示昨天完整的时间尺）如果时针从今天的 0 时之前倒退 1 小时是什么时间？

小结：今天开始的 0 时也是昨天结束的 24 时。

师：时间的流逝正如这把时间尺，一直往前延伸着，昨天、今天、明天、后天……流逝的时间永远不会回头，所以同学们一定要珍惜时间。

四、巩固练习

师：现在你会用 24 时计时法表示一天的时间吗？

（1）拿出我们课前的学习单，你会用 24 时计时法表示上面的时间吗？

（2）你能明白下图是什么意思吗？下午 4 时爸爸开车走了公交车道，他违反交通规则了吗？

五、全课总结

今天我们学习什么知识，你有什么收获？

1. 播放微课：《计时方法的变更》

2. 课后拓展

很多时候，我们看到的钟表都是一圈 12 时计时法的。难道钟面上只能显示一圈 12 时计时法的时刻吗？我们能不能将钟表制造成两圈 12 时计时法的，这样就能直接看出第二圈的时间，或者把钟面平均分成 24 格，依次标上 1，2，3，…，24，直接看"24 时计时法"的时刻。同学们如果有兴趣，课后可以根据自己的思考，发明出其他便于计时的钟表，当然也可以发明其他的计时方法和规则。

【学习分析】

《24 时计时法》是 2013 年人教版三年级数学下册第 82—83 页的内容。本节课是在学生学习了时、分、秒相关知识的基础上，学习 24 时计时法的。时间的相关知识在我们的生活中无处不在，所以学生对于本节内容并不陌生。但对小学生来说，时间特别是时间中的 24 时计时法是比较抽象的，教材在编排时也是放在最后的，足以证明它的重要性和难度。让学生理解并与 12 时计时法正确分清是有一定的难度，为了突破这一难点，本节课在教学的不同阶段分别播放微课，努力改变学生的学习方式，使学生在观察、记录、交流、思考中理解知识的内涵，发挥自主学习和探究知识的能力。

【微课运用】

1.《24 时计时法》课前微课脚本设计

马鞍山市四村小学：唐　明　录制时间：2016 年 12 月　微课时间：2 分钟以内	
微课名称	《24 时计时法》课前微课
知识点来源	学科：小学数学　年级：三年级下　教材：2013 年人教版　页码：第 82—83 页
基础知识	听本微课之前需了解的知识：时、分、秒的知识
教学类型	启发型、自主学习型
适用对象	三年级学生、小学数学教师
教学过程	
片头（5 秒以内）	小明和小红约好了去参加方特万圣节活动，可是小明一大早就等在门口，等到下午也没看到小红。
正文讲解（1 分 55 秒以内）	于是，他打了电话："小红，说好了 7 时，你怎么还没来啊？""我还没起床呢？我们不是约好晚上 7 时，也就是 19 时见面的吗？"晚上 7 时和 19 时是同一个时刻吗？生活中你见过这样的时间吗？银行的营业时间、动车的发车时刻、电影的放映时刻。像这样用 0—24 时计时的方法叫做 24 时计时法。像这样用晚上、上午、下午这些时间词表示时间的计时法叫做 12 时计时法或普通计时法。请你选择一种计时的方法把一天当中起床、上学、吃晚饭、睡觉的时刻记录下来。 （姓名：　　　）的一天 <table><tr><td>活动</td><td>时间</td></tr><tr><td>起床</td><td></td></tr><tr><td>上学</td><td></td></tr><tr><td>吃晚饭</td><td></td></tr><tr><td>睡觉</td><td></td></tr></table>

2.《24 时计时法》课中微课脚本设计

马鞍山市四村小学：唐 明 录制时间：2016 年 12 月 微课时间：3 分钟以内	
微课名称	《24 时计时法》课中微课
知识点来源	学科：小学数学 年级：三年级下 教材：2013 年人教版 页码：第 82—83 页
基础知识	听本微课之前需了解的知识：时、分、秒的知识
教学类型	演示型、启发型
适用对象	三年级学生、小学数学教师
教学过程	
片头（5 秒以内）	睡梦中，夜里 12 时也就是 0 时，这是前一天结束的时刻，也是新的一天开始的时刻。
正文讲解 （2 分 55 秒以内）	到凌晨 1 时了，然后是 2 时、3 时……天渐渐亮了；早晨 6 时，我们要起床了；上午 10 时，我们在学校里上课；太阳越升越高，中午 12 时，该吃午饭了。（师：中午 12 时，时针已经在钟面上跑了整整一圈，跑了 12 小时，一天结束了吗？生：没有，因为一天有 24 小时，而钟面上时针转一圈只有 12 小时，时针还要从中午开始再转一圈，再次指向 12 的时候，一天才结束。）12 时再过 1 小时是下午 1 时，也就是 13 时；再过 1 小时是下午 2 时，也就是 14 时，开始上下午第一节课；16 时，也就是下午 4 时，准备放学；太阳落山了，天越来越黑，晚上 8 时，也就是 20 时；晚上 10 时，也就是 22 时，我们进入甜美的梦想。睡梦里，一天过去了，新的一天又开始了。（师：现在一天结束了吗？生：时针从夜里 12 时开始，已经转了 2 圈，一天结束了。）

3.《计时方法的变更》微课脚本设计

马鞍山市四村小学：唐 明 录制时间：2016 年 12 月 微课时间：1 分钟以内	
微课名称	《计时方法的变更》
知识点来源	学科：小学数学 年级：三年级下 教材：2013 年人教版 页码：第 82—83 页
基础知识	听本微课之前需了解的知识：时、分、秒的知识
教学类型	演示型、启发型
适用对象	三年级学生、小学数学教师
教学过程	
片头（5 秒以内）	人类计时经历了不同的发展阶段。
正文讲解 （55 秒以内）	在古代，原始人白天外出打猎，晚上回到居住的山洞休息，他们只知道用"日"和"夜"来表示时间。后来，人们发现一天中太阳照射下来物体的影子的变化是有规律的，就利用测太阳影子的方法来确定时间。期间，人们也利用滴水和漏沙的方法来测量时间。再后来，人们发明了钟表，计时也越来越准确，我们使用的手表和闹钟就属于这种类型。

4. 微课对本节课的作用

通过"相约万圣节"的情境引入新课，主要是提供现实的、学生感兴趣的题材，唤起学生已有的生活经验，启发学生思考 12 时计时法与 24 时计时法之间的联系与区别，从而让学生主动探索 24 时计时法的规律。

24 时计时法记录的是一天的时间，部分同学对于一天的经过还不够熟悉，通过动画演示，让学生熟悉 12 时计时法，渗透 24 时计时法表示时间与 12 时计时法表示时间可以互换，为"时间尺"的出现做好充分的准备。

向学生介绍古代的计时方法，了解古代文明，激发学生探究的兴趣，提高学生学习数学的兴趣。

【数形结合思想的体现】

数形结合凸显本质　发展学生时间观念

在日常生活中，我们表示时间时多用 12 时计时法，很少使用 24 时计时法，但在电视、广播、车站等场合 24 时计时法有着广泛的应用。教学中，我们发现 24 时计时法是一个十分抽象的概念，既看不见也摸不着，给学生的体验感知带来困难，所以一般情况下教师将这类规定性的知识直接告知学生："在表示下午和晚上时刻时，用 12 时计时法的时间加上 12，去掉时间词即可。""为什么要加上 12 呢？"学生只知其然，不知其所以然。已经学习了 12 时计时法，为什么还要学习 24 时计时法呢？如何直面学生的困惑？我们利用数形结合做了一些尝试，以还 24 时计时法的本来面貌，让学生经历 24 时计时法的发现和创造过程。

（1）创造"时间尺"，化抽象为直观，理解时间本质。时间无始无终，具有流动性、不可逆转性、连续不可分割性的本质特征，它是一个十分抽象的概念，不像长度单位、面积单位、质量单位那样，可以通过具体事物，让人们借助视觉、触觉等感官知觉。皮亚杰认为，时间概念并不是儿童先天具备的概念，而是随着儿童认知结构的不断重组逐渐被建构的。因此，教学中，必须借助具体的工具帮助学生直观、深刻地理解时间的本质。我们仿照长度单位的测量，创造了一把"时间尺"：利用多媒体，把一天中时针第一圈的运行轨迹取下拉直，再把时针第二圈的运行轨迹取下拉直，拼接在一起便是一天 24 时的"时间尺"。然后，引导学生根据"时间尺"上标出的 12 时计时法，自主创造 24 时计时法所表示的整点时刻，这样将时刻与"时间尺"上的点——对应起来，把抽象的、不断流逝的时间与直观的"时间尺"建立联系，帮助学生更好地理解一天的开始是 0 时，也是前一天结束的 24 时，并帮助学生理解两种计时法相互转化的方法及由来。"为什么要加上 12 呢？""那是因为时针已经转了整整一圈，也就是 12 个小时，所以在表示第二圈的时间时要加上 12。"这样，一把"时间尺"，化抽象为直观，将不断流逝的时间镌刻在学生的记忆深处。

（2）微课介绍时间发展史，再悟时间本质。"时间尺"让学生很容易看清两种计时法的道理，但在生活中，却不能用它来测量时间。那么人类的祖先是怎样测量时间的呢？利用微课介绍时间发展史：远古时代，我们的祖先只能通过"日"和"夜"来表示时间，计时器具历经了日晷、影钟、沙漏、石英钟、手表……这些计量时间的工具，化抽象为直观，为人们精确计量时间和直观感知时间，做出不可估量的贡献。学生通过了解时间发展史，感悟时间本质，激起学习情感，同时引发思考：还有其他便于计时的钟表吗？还能设计其他的计时方法和规则吗？

通过以上一系列活动，学生经历了"24 时计时法"的发现和创造过程，从数形结合的角度化无形为有形，化抽象为直观，揭示时间本质，从而使学生正确建构时间观念。

执　　教：安徽省马鞍山市湖东路第二小学　陈　丽
案例撰写：安徽省马鞍山市湖东路第二小学　陈　丽
　　　　　　安徽省马鞍山市四村小学　唐　明
　　　　　　安徽省马鞍山市山南小学　黄祥凤
　　　　　　安徽省马鞍山市雨山实验学校　张　雄

案例 5　和的奇偶性

【适用年级】五年级（下学期）

【学习内容】人民教育出版社 2013 年第 1 版《义务教育课程标准实验教科书　数学》五年级下册第 15 页。

2 奇数与偶数的和是奇数还是偶数？奇数与奇数的和是奇数还是偶数？
偶数与偶数的和呢？

阅读与理解

从题目中你知道了什么？

我把问题表示成这样……

题目让我们对奇数、偶数的和作一些探索。

$$奇数 + 偶数 = \begin{cases} 奇数？ \\ 偶数？ \end{cases}$$

$$奇数 + 奇数 = \begin{cases} 奇数？ \\ 偶数？ \end{cases}$$

$$偶数 + 偶数 = \begin{cases} 奇数？ \\ 偶数？ \end{cases}$$

分析与解答

我随便找几个奇数、偶数，加起来看一看。

奇数除以2余1，偶数除以2没有余数，奇数加偶数的和除以2还余1，所以……

奇数：5，7，9，11，…
偶数：8，12，20，24，…

奇数：
偶数：

5+8=13，7+8=15
5+7=12，7+9=16
8+12=20，12+24=36

所以，奇数 + 偶数 = 奇数，奇数 + 奇数 = ____，偶数 + 偶数 = ____。

回顾与反思

这个结论正确吗？

我可以再找一些大数试一试。

534+319=853

所以，奇数 + 偶数 = 奇数。

同学们还有其他方法吗？你觉得哪种方法好？

【学习过程】

一、回顾与奇数、偶数相关的知识

（1）下列数是奇数还是偶数？

794，413，197

（2）能一眼看出几号图形表示的数是奇数或偶数吗？让人一眼看出是偶数或奇数的图形是什么样的？

用 ■ 表示1

不用数，能一眼看出几号图形表示的数是奇数或偶数？

（3）用含有字母的式子表示奇数和偶数。

想一想：①什么样的数是偶数、奇数？②偶数可以用字母 $2n$（n 是自然数）表示，奇数呢？

小结：是 2 的倍数的数叫做偶数，不是 2 的倍数的数叫做奇数。判断一个数是偶数还是奇数，只有看个位上的数字就可以了，个位上是 0，2，4，6 和 8 的数是偶数，个位上是 1，3，5，7 和 9 的数是奇数。偶数可以用 $2n$ 表示，奇数可以用 $2n+1$ 表示。我们还可以用图形来表示偶数和奇数，如果用 1 个小正方形表示 1，一个接一个摆成两行，偶数总能摆成一个长方形，奇数总是摆成一个长方形再加 1 个小正方形。

二、探索和的奇偶性

1. 探索两个数相加和的奇偶性

活动一：任选两个不是 0 的自然数，求出它们的和，再看看和是奇数还是偶数。

加数	加数	和	和是奇数还是偶数

反馈探究结果：和的奇偶性与什么的奇偶性有关？什么情况下，两数之和是奇数？什么情况下，两数之和是偶数？

提出猜想：偶数 + 奇数 = 奇数；奇数 + 奇数 = 偶数；偶数 + 偶数 = 偶数。

活动二：验证"偶数 + 奇数 = 奇数，奇数 + 奇数 = 偶数，偶数 + 偶数 = 偶数"这三条猜想。

建议：猜想可以举例验证、图形验证、说理验证或用含有字母的式子验证。

反馈探究结果：

（1）举例验证：偶数 + 偶数 = 偶数。

$12+96=108$，$10128+249916$（看个位：$8+6=14$）这样的例子能说完吗？能举出不符合这条猜想的反例吗？

（2）图形验证：奇数 + 奇数 = 偶数。

由上图可知：奇数 + 奇数 = 偶数。

想象：两个更大的奇数之和图形是什么样的？任意两个奇数之和图形是什么样的？

（3）说理验证：奇数 + 偶数 = 奇数。

奇数除以 2 余 1，偶数除以 2 没有余数，奇数 + 偶数的和除以 2 还余 1，所以：奇数 + 偶数 = 奇数。

（4）用含有字母的式子验证：奇数 + 偶数 = 奇数。

奇数用 $2n + 1$ 表示，偶数用 $2n$ 表示，$2n + 1 + 2n = 4n + 1$，所以：奇数 + 偶数 = 奇数。

小结：我们通过"任选两个不是 0 的自然数，求出它们的和，再看看和是奇数还是偶数"得出三条猜想，"偶数 + 奇数 = 奇数，奇数 + 奇数 = 偶数，偶数 + 偶数 = 偶数"，再通过举例、图形、说理和含有字母的式子验证这三条猜想都是正确的。

2. 应用两个数的和的奇偶性规律推理多个数的和的奇偶性规律

（1）若干个偶数连加，和的奇偶性。

快速抢答：判断和是奇数还是偶数。

①28 + 42 + 806，和是（　　）数。

②8 个偶数相加的和是（　　）数，再增加一些偶数呢？

反馈探究结果：因为"偶数 + 偶数 = 偶数"，所以无论多少个偶数相加，它们的和都是偶数。

（2）若干个奇数连加，和的奇偶性。

快速抢答：判断和是奇数还是偶数。

①179 + 355 + 709，和是（　　）数。

②179 + 355 + 709 + 奇数，和是（　　）数。

③9 个奇数相加的和是（　　）数，再增加 1 个奇数呢？

反馈探究结果：奇数加奇数，和是偶数，再加一个奇数，和是奇数；只要有两个奇数，和就是偶数。所以，奇数有 2，4，6，…个，和就是偶数；反过来，奇数有 3，5，7，…个，和就是奇数。

（3）若干个奇数与若干个偶数连加，和的奇偶性。

猜想：1 + 2 + 3 + 4 + … + 19 + 20，和是（　　）数。

反馈探究结果：偶数相加，和还是偶数，偶数的个数可以忽略不计。看奇数的个数，奇数的个数是奇数时，和还是奇数；奇数的个数是偶数时，和是偶数。

小结：判断若干个数的和是奇数还是偶数时，要看奇数的个数，奇数的个数是奇数时，和还是奇数；奇数的个数是偶数时，和是偶数。无论多少个偶数相加，和还是偶数，所以判断和的奇偶性时，偶数的个数可以忽略不计。

三、解决问题

（1）年龄问题：今年芳芳的爸爸和妈妈的岁数的和是奇数，明年芳芳的爸爸和妈妈的岁数的和是奇数还是偶数呢？后年呢？芳芳今年 7 岁，明年三个人年龄和是奇数还是偶数？

（2）趣味问题：□ + □ + □ = 30 有解吗？

把数字 1，3，5，7，9，11，13，15 填到框里，数字可以重复使用。

小结：

（1）每过一年，芳芳的爸爸和妈妈两人共同增长 2 岁，奇数 + 偶数 = 奇数；每过一年，芳芳和爸爸、妈妈仁人共同增长 3 岁，奇数 + 奇数 + 奇数 = 奇数。

（2）三个奇数的和是奇数，不可能是偶数，所以这道题没有答案。

四、课后延伸

播放微课《积的奇偶性》，通过举例，结合数形结合方法，发现、验证、总结规律；奇数×奇数＝奇数；奇数×偶数＝奇数。于是学生经历探究过程，领悟转化思想。

【学习分析】

本节课的学习是建立在学生较好地掌握了整数的运算、奇数和偶数的概念等知识基础上，探究整数加法的和的奇偶性规律。这次探究整数加法的规律，直接研究数学现象，在内容上与过去不大相同。这点变化能引起学生的兴趣，调动他们学习的积极性与能动性。学生已具备了一定的学习活动能力，积累了"猜想—验证—结论"的探究经验，在学习中可以进行有效的迁移。因此，围绕本课的知识结构展开"任意两个数相加——任意多个数相加"教学，学生在经历"举出例子—观察比较—验证猜想—归纳规律"的探究过程后，得出和的奇偶性规律。在此，教学过程中渗透了数形结合思想、模型思想，发展了学生的推理能力。

【微课运用】

1. 微课内容介绍

马鞍山市湖东路第二小学　陈　丽　录制时间：2017 年 5 月　微课时间：5 分钟以内	
微课名称	《积的奇偶性》
知识点来源	学科：小学数学　年级：五年级下　教材：2013 版人教版　页码：第 15 页
基础知识	和的奇偶性规律
教学类型	讲授型、演示型
适用对象	五年级学生、小学数学教师
教学过程	
片头（5 秒以内）	同学们，我们已经知道了和的奇偶性规律，积的奇偶性规律又是怎样的呢？这节课我们一起来探究积的奇偶性规律。

正文讲解 (4分55秒以内)	1. 两个数积的奇偶性规律。 （1）想一想：两个数的乘积，什么情况下是奇数，什么情况下是偶数？ （2）我们可以随意找几个奇数和偶数，乘起来看一看。 ①先来研究"奇数×奇数"。 奇数×奇数=⟨ 奇数？ 偶数？ 奇数：5，7，9，11，… 奇数×奇数{ 5×7=35 5×9=45 7×9=63 9×11=99 } 积都是奇数 …… 看来：奇数×奇数＝奇数。 ②再来研究"奇数×偶数"。 奇数×偶数=⟨ 奇数？ 偶数？ 奇数×偶数{ 5×8=40 7×12=84 9×20=180 11×24=264 } 积都是偶数 …… 看来：奇数×偶数＝偶数。 ③最后研究"偶数×偶数"。 偶数×偶数=⟨ 奇数？ 偶数？ 偶数×偶数{ 8×12=96 8×20=160 12×20=240 20×24=480 } 积都是偶数 …… 看来：偶数×偶数＝偶数。 （3）通过举例子，我们发现了"奇数×奇数＝奇数，奇数×偶数＝偶数，偶数×偶数＝偶数"，为什么会存在这样的规律呢？ 我们可以用数形结合的方法找其中的道理。 ①为什么"奇数×奇数＝奇数"？ 以3×3为例，从乘法的意义上看，表示3个3相加 ，结果是奇数，看来"奇数×奇数"可以转化为奇数个奇数相加，所以结果是奇数。 ②为什么"奇数×偶数＝偶数"？ 以3×2为例，既可以表示3个2相加 ，所以也可以表示2个3相加 ，所以结果是偶数。 奇数×偶数 —转化→ 奇数个偶数相加 偶数个奇数相加 } 结果是偶数 ③为什么"偶数×偶数＝偶数"？ 以2×4为例，既可以表示2个4相加 ，也可以表示4个2相加 ，所以结果是偶数。 偶数×偶数 —转化→ 偶数个偶数相加（结果是偶数） 2. 我们通过举例子、数形结合、转化等方法发现并验证了两个数的积的奇偶性规律，你能把两个因数乘积的奇偶性规律 —推广→ 多个因数乘积的奇偶性吗？试一试吧。

2. 微课对本节课的作用

播放微课，回顾和的奇偶性探究过程，唤醒学生已有经验，促使学生将和的奇偶性探究经验迁移类推至积的奇偶性探究中。在积的奇偶性探究中，学生将积的奇偶性规律转化为和的奇偶性规律，借助数形结合的方法，领悟知识的本质，发展分析问题和解决问题的能力。

【数形结合思想的体现】

数形结合——以形助数

用不同的方式表示奇数与偶数。什么是奇数和偶数？可以采用三种表征方式：文字表征、符号表征和图形表征。文字表征：是 2 的倍数的数叫做偶数，不是 2 的倍数的数叫做奇数。符号表征：偶数可以用 $2n$ 表示，奇数可以用 $2n+1$ 表示。图形表征：如果用 1 个小正方形表示 1，一个接一个摆成两行，偶数总能摆成一个长方形，奇数总是摆成一个长方形再加 1 个小正方形。这里的数形结合思想体现在以形助数，用图形刻画奇数与偶数的特征。采用多种方式表示奇数和偶数，可以给学生丰富全面的体验，为探究和的奇偶性做好铺垫。

探究两数之和的奇偶性规律。两数之和的奇偶性探究层次为：①举例发现规律。任意选两个不是 0 的自然数，求出它们的和，再看看和是奇数还是偶数，根据例子提出猜想。②采用多种方式验证猜想。验证的方式有举例验证、数形结合验证、说理验证和代数式验证。③总结规律。通过举例验证数学规律的过程是不完全归纳法，对于一部分学生来说不容易理解；通过数形结合的方法，学生借助几何直观想象、推理，进一步理解两数之和的奇偶性规律，一方面促进了学生的数学思考，另一方面能有效培养学生借助几何直观进行推理的能力。

探究多数之和的奇偶性规律。多数之和的奇偶性探究层次为：①n 个偶数连加，和的奇偶性。②n 个奇数连加，和的奇偶性。③n 个奇数与 n 个偶数连加，和的奇偶性。学生在经历探究两数之和的奇偶性规律时，积累了丰富的活动经验，在认识规律本质的基础上，使学生透过现象，把握本质，深度思考，将发现推广到多个数相加"和的奇偶性"的规律，从而培养学生分析问题和解决问题的能力。

练习拓展，解决问题。应用和的奇偶性规律解决两个问题：①生活中的年龄问题；②数学趣味题。通过练习，让学生将实际问题抽象成数学问题，体会和的奇偶性规律的应用价值，丰富学生解决问题的策略，激发学生对数学的情感。

数的奇偶性规律对于五年级学生来说是纯数学的抽象概念，通过数形结合，把抽象的数学语言和直观的图形结合起来，使抽象思维和形象思维相结合；通过以形助数，使复杂问题简单化，抽象问题具体化，从而帮助学生构建数学模型，提升数学素养。

执　　教：安徽省马鞍山市湖东路第二小学　陈　丽
案例撰写：安徽省马鞍山市湖东路第二小学　陈　丽

案例6　数与形——面积模型与计算公式

【适用年级】六年级（上学期）

【学习内容】人民教育出版社2013年第1版《义务教育课程标准实验教科书　数学》六年级上册第111页。

8.* 你能利用右面的图发现 $(a+b)^2=a^2+2ab+b^2$ 这一公式吗？利用你所学的面积计算的知识，探索一下。

本单元结束了，你有什么收获？

成长小档案

★★★★
★★★★

在解决很多计算问题时，画个示意图可以帮助我们思考。

有时图形的问题中隐藏着许多数的规律。

【学习过程】

一、知识回顾

（1）在以往的学习中，我们发现数与形之间存在密切联系，如下图。

（2）对于我们熟悉的乘法分配律可以用图形来证明。

①乘法分配律基本式子。

$(a+b)c=ac+bc$

小结：将大长方形分割成两个独立的基本图形，分别计算出独立基本图形的面积 ac，bc，相加之和等于大长方形的面积 $(a+b)$ c。

②乘法分配律的延伸。

小结：将大长方形分割成独立基本图形，分别计算出独立基本图形的面积，再相加等于大长方形的面积。

左图：$(a+b+c)$ $m=am+bm+cm$；

右图：$am+bm+an+cn=$ $(a+b)$ $m+$ $(a+b)$ $n=$ $(a+b)$ $(m+n)$。

二、新课探究

（1）出示问题：

> 已知一个正方形的边长为a，将正方形的边长增加b，得到一个大正方形。你能利用图形发现$(a+b)^2=a^2+2ab+b^2$这一公式吗？利用你所学的面积计算的知识，探索一下。

（2）自主尝试：这个正方形可以分割成哪些独立的基本图形。

分享：抓住图中已有条件分割，分割的基本图形要能够直接计算出面积。

（3）观看微课：验证自己的独立思考。

方法一：把正方形分割成四个基本图形。

方法二：把正方形分割成三个基本图形。

小结：以上两种分割方法，将一个大正方形分割成若干个独立的基本图形，这些基本图形可以直接计算出面积来。因为面积相等，所以可以证明

$(a+b)^2 = a^2 + 2ab + b^2$。

图形与等式的关系真奇妙，有没有不同的分割方法，同学们课后可思考一下。

【学习分析】

数形结合是一种非常重要的数学思想，把数和形结合起来解决问题，可以使复杂的问题变得更简单，使抽象的问题变得更直观。因此，数与形相结合的例子在小学数学教材与教学中随处可见。有的时候，是图形中隐含着数的规律，可利用数的规律来解决图形的问题；有的时候，是利用图形来直观地解释一些比较抽象的数学原理与事实，让人一目了然；也有的时候，数与形密不可分，可用"数"来解决"形"的问题，也可用"形"来解决"数"的问题。

本节内容是课本上的一道拓展题，利用面积模型解释计算公式。如上图左，我们没有直接给出左图，而是先出示了右图，让学生探究方法，给了我们很多惊喜。学生从不同角度分割图形，寻找并发现规律，通过解决问题体会数与形的完美结合。

【微课运用】

1. 微课内容介绍

马鞍山市山南小学：邓　辉　录制时间：2016 年 6 月　微课时间：6 分钟以内	
微课名称	《数与形——面积模型与计算公式》
知识点来源	学科：小学数学　年级：六年级上　教材：2013 年人教版　页码：第 111 页
基础知识	听本微课之前需了解的知识：基本平面图形正方形、三角形、梯形的计算公式，了解数形结合思想
教学类型	演示型、自主学习型
适用对象	六年级学生、小学数学教师

教学过程	
片头（5秒以内）	今天这节课我们继续来探究"数"与"形"之间的密切联系。
正文讲解 （5分55秒以内）	第一小节任务：把正方形分割成四个基本图形。 （1）把正方形分割成 4 个基本图形。 　　利用已经学过的平面图形面积计算的知识，算出各部分的面积。图形 1 是一个边长为 a 的正方形，面积 S_1 可以表示为 a^2；图形 2 与图形 4 是两个长为 b，宽为 a 的长方形，那么这两个长方形面积的和 $S_2 + S_4$ 可以表示为 $2ab$；图形 3 是一个边长为 b 的正方形，它的面积 S_3 可以表示为 b^2。而这个大正方形的面积就是这四个基本图形面积之和，因此可以表示为：$a^2 + 2ab + b^2$。 　　（2）计算大正方形面积。 　　这个大正方形的边长是 $a + b$，所以这个大正方形的面积还可以表示为：$(a+b) \times (a+b)$，省略乘号可以记作：$(a+b)^2$。 　　无论是 $(a+b)^2$，还是 $a^2 + 2ab + b^2$，表示的都是这个大正方形的面积，因此它们之间可以用等号来连接，也就是 $(a+b)^2 = a^2 + 2ab + b^2$。 　　第二小节任务：把正方形分割成三个基本图形。 　　（1）把正方形分割成 3 个基本图形。 　　图形 1 是一个边长为 a 的正方形，它的面积 S_1 可以表示为 a^2；这时的图形 2 和图形 3 是两个完全一样的梯形，它们的上底为 a，下底为 $a + b$，高为 b，因此一个梯形的面积就可以表示成：$[a + (a+b)] \times b \div 2$，化简之后得 $(2a+b)b \div 2$，两个梯形的面积就是 $(2a+b) \, b \div 2 \times 2$，化简之后就是 $2ab + b^2$。整个大正方形的面积就是一个小正方形的面积加两个梯形的面积，也就是 $a^2 + 2ab + b^2$。 　　这个大正方形的面积还可以表示为：$(a+b)^2$。由此，我们同样可以证明 $(a+b)^2 = a^2 + 2ab + b^2$ 这一公式。

2. 微课对本节课的作用

　　利用面积模型来解释乘法分配律、完全平方公式等是数形结合思想的完美体现。本节课合理地利用学生已有的数学知识，通过不同的分割，计算基本图形的面积，从而发现 $(a+b)^2 = a^2 + 2ab + b^2$ 这一完全平方公式。坚持"以生为本"的教学理念，通过观看视频、课件演示等操作活动，经历"提出问题—分析问题—解决问题"的过程，获得借助图形运用已有数学知识解决实际问题的方法。本节课有两个微课，一是课开始阶段对小学六年数形结合的回顾，内容包括分数乘法、用线段图解决分数应用题、圆的面积计算公式、两位数乘两位数、乘法分配律，涵盖了不同年段的应用，知识比较典型，真正做到了从学生中来，到学生中去；二是课后借助微课助力数形结合教学。本节课的知识对一部分学生还是有难度的，不能面向全体，难道就此放弃？如此丰富内涵的思考题对于激发学生的学习兴趣、数学思维有极大的作用。因此，借助第二个微课给学生反复观看学习的机会，满足学生不同层次的学习需求，实现了因材施教。

【数形结合思想的体现】

有效利用面积模型 解读完全平方公式

形的问题中包含着数的规律，数的问题也可以用形来帮助解决。六年级上学期的数形结合教学要求，是让学生通过解决问题体会数与形的这种完美结合。四年级下学期教学"运算律"单元难点中的难点——乘法分配律时，利用这样的情景：新学期开学，妈妈为小明和小红兄妹俩购买学习用具，其中作业本每本 8 角，小明需要 12 本，小红需要 8 本，买作业本需要付多少角钱？学生通常会有以下两种解法：（1）$12 \times 2 + 8 \times 2 = 40$（角）；（2）$(12 + 8) \times 2 = 40$（角）。学生用不同的思路和方法解决了同一个问题，得到了"$12 \times 2 + 8 \times 2 = (12 + 8) \times 2$"这一结论。有了生活经验做支撑，教师再引导学生从乘法意义上理解"$12 \times 2 + 8 \times 2$"表示 12 个 2 和 8 个 2 的和就是 20 个 2，反过来"$(12 + 8) \times 2$"表示 20 个 2，也可以拆开来用 12 个 2 加 8 个 2 来解答。接着概括出乘法分配律：两个数的和与一个数相乘，可以先把它们与这个数分别相乘，再相加。这样逐步抽象、循序渐进的过程可以帮助学生更好地解决乘法分配律。小学阶段所学习的运算定律基本上能用相应的生活问题呈现出来。教学用书中提到的第 8 题（如下图），这虽是一个实际问题，同时也是乘法分配律的典型几何模型。

8. 李大爷家有一块菜地(如右图)，这块菜地的面积有多少平方米？

我们是不是可以将它分割成两个独立的长方形，$21 \times 9 + 19 \times 9$，再合并成一个大的长方形 $(21 + 19) \times 9$。对于小学生，其思维的抽象程度还不够高，经常需要借助直观模型来帮助理解。再来看小学数学教材五年级上册第57页（如下图），是利用面积模型来解释乘法分配律的典型例子。这些都说明了，学生在过往的学习中有数形结合的萌芽。

13* 在右图中，
（1）哪一部分的面积是 ac?
（2）哪一部分的面积是 bc?
（3）整个图形的面积是多少？

本节课利用面积模型解读完全平方公式，借助于"形"的直观来理解抽象的"数"，运用"数"与"式"来细致入微地刻画"形"的特征。

（1）提供开放素材，引导学生数形结合。教师没有直接出示教材的分割方法，而是从不同角度寻找规律，教师先给出一个边长为 a 的正方形，再将它的边长增加 b，得到一个边长为 $a + b$ 的正方形。然后，让学生自己分割成基本图形，这样问题变得开放，解决方法变得多样，可发散学生的思维。通过数与形的对应关系，互相印证结果，感受数学的魅力。如下图：

（2）感受用形来解释数的直观性与简捷性。数形结合，其实质是将抽象的数学语言与直观的图形联系起来，使抽象思维和形象思维结合起来，通过对图形的处理，发挥直观对抽象的支柱作用，揭示数和形之间的内在联系，实现抽象概念和具体形象、表象之间的转化，从而发展学生的思维。本节课是学生经历自主分割、独立思考计算、观看微课验证的过程，这既是学生自主探究获取知识的过程，更是有机渗透数学思想方法的过程，使学生在潜移默化的过程中体会与领悟推理和数形结合的思想。

对于小学生，其思维的抽象程度还不够高，经常需要借助直观模型来帮助理解。利用面积模型来解释完全平方公式，给小学阶段的学生打开了一扇提高数学思维能力的大门。

执　　教：安徽省马鞍山市山南小学　邓　　辉
案例撰写：安徽省马鞍山市山南小学　俞洁文
　　　　　安徽省马鞍山市山南小学　邓　　辉

第二节　以数解形的典型案例

案例1　多边形内角和

【适用年级】四年级（下学期）

【学习内容】人民教育出版社 2013 年第 1 版《义务教育课程标准实验教科书　数学》四年级下册第 68 页。

做一做

你能想办法求出右边这个多边形的内角和吗？

4. 画一画，算一算，你发现了什么？

图形	△	▱	⬠	⬡	⬡	……
边数	3	4	5			……
内角和	180°	180°×（　）	180°×（　）			……

【学习过程】

一、与多边形相关的知识

想一想：关于"多边形内角和"能提出什么问题？

（1）什么是多边形内角和？

（2）多边形内角和怎样计算？

多边形内角和

小结：由三条或三条以上的线段首尾顺次连接所组成的封闭图形，叫做多边形。组成多边形的线段至少有三条，三角形是最简单的多边形。组成多边形的每一条线段叫做多边形的边；相邻的两条线段的公共端点叫做多边形的顶点；多边形相邻两边所成的角叫做多边形的内角；连接多边形的两个不相邻顶点的线段叫做多边形的对角线。

二、探究多边形内角和

1. 回忆三角形内角和的探究过程

（1）测量法。量出三个内角的度数再相加。

（2）剪拼法。将三角形三个内角剪下来拼成一个平角。

（3）折纸法。将三角形三个内角折拼成一个平角。（播放微课一）

小结：测量法不够精确，剪拼法、折纸法都是把三角形的三个内角拼成一个平角。

2. 探究四边形内角和

活动一：试一试，四边形内角和怎样求。（提供学具：特殊四边形和任意四边形）

130

反馈探究结果：

（1）长方形、正方形这两个特殊的四边形内角和，直接计算 $90° \times 4 = 360°$。

（2）任意四边形求内角和也是360°。

方法1：沿着对角线折成2个三角形，观察两个三角形的内角和就是这个四边形的内角和，$180° \times 2 = 360°$。

方法2：在四边形中心取一点，连接四边形的顶点形成4个三角形，观察4个三角形的内角和与原来四边形内角和相比正好多出了一个周角，所以四边形内角和为 $180° \times 4 - 360° = 360°$。（微课演示）

小结：比较两种方法，四边形有4条边，沿对角线分割成两个三角形，即四边形直接转化成三角形，两个三角形的内角和就是这个四边形的内角和。四边形内角和为 $180° \times 2 = 360°$，故方法1比较简单。

3. 探究五边形内角和，总结一般规律

活动二：画一画，分一分，探究五边形内角和。

反馈探究结果：

方法1：在五边形中心取一点，与五边形的顶点相连形成5个三角形，观察5个三角形的内角和与原来五边形内角和相比多出了一个周角，所以五边形内角和为 $180° \times 5 - 360° = 540°$。

方法2：在五边形任意一条边上取一点，与这条边不相邻的三个顶点相连，形成4个三角形。观察4个三角形的内角和与原来五边形内角和相比多出了一个平角，所以 $180° \times 4 - 180° = 540°$。

方法3：从五边形任意一个顶点出发，与这个顶点不相邻的两个顶点连接，将五边形分割成 3 个三角形。观察 3 个三角形的内角和就是这个五边形的内角和，所以 $180° \times 3 = 540°$。

小结：比较三种方法，都是将五边形转化成三角形，方法 3 中 3 个三角形的内角和就是这个五边形的内角和。五边形内角和为 $180° \times 3 = 540°$，故方法 3 比较简单。

活动三：分一分，填一填，找一找。

方法 3 中多边形的边数、分割成三角形的个数、多边形的内角和之间有什么关系？

反馈表格一：

图形	边数	分割成三角形的个数	内角和
	4	2	$180° \times (4-2) = 360°$
	5	3	$180° \times (5-2) = 540°$
	6	4	$180° \times (6-2) = 720°$
	8	6	$180° \times (8-2) = 1080°$
…	…	…	…
n 边形	n	$n-2$	$180° \times (n-2)$

小结：多边形的内角和 $= 180° \times$（边数 -2）。

反馈表格二：

图形	边数	分割成三角形的个数	内角和
	4	4	$180° \times 4 - 360° = 360°$

续表

图形	边数	分割成三角形的个数	内角和
	5	5	$180° \times 5 - 360° = 540°$
…	…	…	…
n 边形	n	n	$180° \times n - 360°$

小结：多边形的内角和 $= 180° \times n - 360°$。

播放微课二：总结多边形的内角和一般计算规律：$180° \times$（边数 -2），也可以用 $180° \times n - 360°$。根据总结的计算规律，回忆探究经历，领悟转化思想和数形结合思想。

三、招展延伸

小英家有一张六边形的地毯，她绕各顶点走了一圈，回到起点 A。她的身体旋转了多少度？多边形有内角也有外角，什么是多边形的外角？多边形的外角和是多少度？

【学习分析】

本节课的学习是建立在三角形的内角和知识基础上，在探究三角形内角和中，学生在观察想象、合作探究、归纳概括等方面已有了初步的体验。学生运用测量、剪拼、折纸三种方法，在操作中用不同种类的三角形进行验证，锻炼了小组合作能力、独立学习能力和探究分析的能力。这样的经历对探究多边形内角和有极为重要的意义，在探究四边形、五边形、六边形……的内角和时，就是在学生掌握了三角形内角和以后，运用探索三角形内角和的经验来进行的。本次教学让学生通过"画一画"，把多边形分成若干个三角形，利用三角形内角和求出多边形的内角和，并从中发现多边形与三角形的关系，从而逐步探究出多边形内角和的规律。这个探究过程，不但可以渗透转化思想、数形结合思想、模型思想，还可以发展学生的合情推理能力。

【微课运用】

1. 微课内容介绍

（微课一）

马鞍山市师苑小学：吴雪婷　录制时间：2016 年 10 月　微课时间：90 秒以内	
微课名称	《多边形内角和》
知识点来源	学科：小学数学　年级：四年级下　教材：2013 年人教版　页码：第 68—69 页
基础知识	三角形内角和探究经历回顾
教学类型	讲授型、演示型
适用对象	四年级学生、小学数学教师
教学过程	
片头（5 秒以内）	同学们，三角形内角和是多少度？还记得是怎样得出这个结论的吗？
正文讲解（85 秒以内）	1. 测量法。量出三个内角的度数相加。 　演示测量三角形内角度数，三个内角相加，等于或接近 180 度的实例。 2. 剪拼法。将三角形三个内角剪下来拼成一个平角。 平角：180° 3. 折纸法。将三角形三个内角折拼成一个平角。 折一折 三角形内角和等于180°。 小结：通过画、量、折、分等操作活动，发现三角形内角和是180°。

（微课二）

马鞍山市师苑小学：吴雪婷　录制时间：2016 年 10 月　微课时间：90 秒以内	
微课名称	《多边形内角和》
知识点来源	学科：小学数学　年级：四年级下　教材：2013 年人教版　页码：第 68—69 页
基础知识	多边形内角和探究总结方法
教学类型	讲授型、演示型
适用对象	四年级学生、小学数学教师
教学过程	
片头（5 秒以内）	同学们，我们怎样探究多边形的内角和?
正文讲解（85 秒以内）	1. 分成的几个三角形内角和正好等于多边形的内角和。 2. 分成的几个三角形内角和比多边形的内角和多出一个周角。

1. 分成的几个三角形内角和正好等于多边形的内角和。

图形	边数	分割成三角形的个数	内角和
	4	2	$180° \times (4-2) = 360°$
	5	3	$180° \times (5-2) = 540°$
	6	4	$180° \times (6-2) = 720°$
	8	6	$180° \times (8-2) = 1080°$
…	…	…	…
n 边形	n	$n-2$	$180° \times (n-2)$

2. 分成的几个三角形内角和比多边形的内角和多出一个周角。

图形	边数	分割成三角形的个数	内角和
	4	4	$180° \times 4 - 360° = 360°$
	5	5	$180° \times 5 - 360° = 540°$
…	…	…	…
n 边形	n	n	$180° \times n - 360°$

2. 微课对本节课的作用

微课一：播放微课，唤醒学生已有经验，给学生足够的时间和空间，利用探究"三角形内角和"的方法求"四边形内角和"，并让学生用自己的语言清楚地表达解决问题的过程，从而提高学生的迁移类推能力和语言表达能力。

微课二：总结回顾探究经历，渗透转化思想、数形结合思想、模型思想，体会多种分割形式，有利于学生深入领会转化的本质——多边形内角和转化为三角形内角和。同时，也让学生体验数学探究活动，体验解决问题策略的多样性，并让学生用自己的语言清楚地表达解决问题的过程，提高语言表达能力，感悟数形结合一一对应。在探索多边形内角和的过程中，教师注重发展学生分析问题、解决问题的能力和初步的演绎推理能力．

【数形结合思想的体现】

以数解形和一一对应

三角形内角和探究经历以及影响。探究三角形的内角和是180°，探究层次为：①测量法。②剪拼法。无量角器情况下，提供学具，三个一样的三角形，将三个不同的角拼在一起，或者三个角撕下来拼一拼。③折纸法。学生经历了测量、计算、撕拼的方法，经历了从不完全归纳到完全归纳的过程。通过三角形按角分类成钝角三角形、直角三角形和锐角三角形，求得直角三角形的内角和是180°，钝角三角形的内角和是180°，锐角三角形的内角和也是180°，进而得到一个普遍性的结论：三角形的内角和是180°。这里数形结合思想体现在以数解形，用内角和180°刻画三角形的特征。三角形是最基本的多边形。在同一平面且不在同一直线上的三条或三条以上的线段首尾顺次连结且不相交所组成的封闭图形，叫做多边形。

四边形内角和探究。正方形、长方形和任意四边形求内角和，都是将多边形转化成已经学过的三角形求内角和。先让学生指出四边形的内角，连接对角线后，再让学生指出两个三角形的内角，引导学生观察发现：四边形的内角和就是两个三角形的内角和，进而把求四边形内角和的问题转化成求两个三角形内角和的问题。这样用旧知识解决新问题，引导学生在操作、观察、分析中理解这种分割法，并渗透转化思想，培养学生分析问题、解决问题的能力和推理能力。

五边形内角和探究。可能还有部分学生使用剪拼法，但这时很快发现拼的过程中出现了重叠，于是采用分割法再次经历转化的过程，体会转化方法的优势。在探索的过程中，会出现不同的转化成三角形的方法，如：顶点与中心点连接，内角和多出一个周角；顶点与边中点连接，内角和多出一个平角；顶点与顶点连接，内角重合。教师引导学生在观察、分析、比较的过程中，理解这些方法，并发现利用从同一顶点引出对角线的方法将五边形转化成三角形比较简单，从而发展学生的观察能力、分析能力、推理能力和表达能力。在此基础上，可以求六边形、七边形……的内角和，并发现规律：多边形内角和 =（边数 − 2）×180°。

一一对应，以数解形。对几何图形的认识与理解，需要从数量上刻画图形的大小、形状以及内在特征。解决几何图形的问题时，数形结合思想就是用式子表示图形中的数量关系，通过公式运算来研究几何图形的性质与特征，即"以数解形"。

本案例是对四边形、五边形、六边形……内角和的探究，从同一来源的材料或同一个问题，探求不同思路和方法，即思维方向是从不同角度、不同方面看待同一个问题，每一个思维过程都应用数形结合思想，用相互对应的数量关系刻画多边形的结构特征，这培养了学生的发散思维能力。最后，总结出多边形内角和计算公式：多边形内角和 =（边数 − 2）×180°，从而在探究规律的过程中培养学生的合情推理能力。

学习延伸，联系生活。小英家有一张六边形的地毯，她绕各顶点走了一圈，回到起点 A。她的身体旋转了多少度？六边形外角和等于多少度？

通过课件演示，学生发现：①六边形的外角和于 360°；②n 边形外角和等于多少度？利用多边形的内角和公式，进一步论证六边形外角和等于 360°。即六个平角减去六边形内角和等于六边形外角和 360°。最后，进行类比推理并小结：n 边形外角和等于 n 个平角减去 n 边形内角和，与边数无关。

执　　教：安徽省马鞍山市师苑小学　吴雪婷

案例撰写：安徽省马鞍山市山南小学　俞洁文

　　　　　安徽省马鞍山市师苑小学　吴雪婷

案例2　认识面积

【适用年级】 三年级（下学期）

【学习内容】 人民教育出版社 2013 年第 1 版《义务教育课程标准实验教科书　数学》三年级下册第61—62 页。

【学习过程】

一、认识面积

1. 认识物体表面的面积

（1）指一指：教室哪里有面？

（2）比一比：电视机屏幕面和黑板表面比，哪一个面比较大？

（3）摸一摸，说一说：什么是数学书封面的面积？什么是课桌面的面积？

（4）说一说：生活中常见的物体，什么是它们的面积？

小结：数学书封面的大小就是数学书封面的面积，课桌面的大小就是课桌面的面积，物体表面的大小就是物体表面的面积。

2. 认识图形的面积

（1）观察：长方形的一条边运动起来，带着颜色往下移，会形成什么呢？什么是这个长方形的面积呢？让正方形的一条边动起来，什么是这个正方形的面积呢？

（2）想一想：一条线段有面积吗？为什么？

猜一猜：这条线段动起来，会形成什么样的图形？

说一说：什么是这个圆的面积？

小结：一条线段只有长度，没有面积。长方形的大小是长方形的面积；正方形的大小是正方形的面积；圆的大小是圆的面积。

（3）像角这样不封闭的图形，它们有面积吗？为什么？

封闭图形的大小是它的面积

小结：封闭图形的大小就是封闭图形的面积。

二、探讨比较面积的方法

（1）下面两个图形，哪一个面积大？

用观察、重叠的方法，都不太容易一下子比较出这两个长方形面积的大小，想一想，还有没有其他的方法呢？

（2）探讨用什么图形来度量面积最合适。

学具准备：正方形、圆形和三角形各若干个。

小组合作：借助以上其中的一种图形作单位，摆一摆、测一测这两个长方形的面积，将研究结果记录在学习活动卡上。

反馈探究结果：

①用圆形摆，只比较圆形的数量，行吗？

②用以上图形作单位，能不能比较出这两个图形面积的大小？

③如果要准确测量出某个图形面积的大小，用什么图形作单位最合适？为什么？

播放微课：《面积度量单位的产生》。

（3）体会统一单位的重要性。

问题：两个图形比较面积的大小，第一个图形里有 6 个正方形，第二个图形里有 4 个正方形，猜一猜，哪个图形面积大？看一看，你猜对了吗？为什么？

考考你：

游戏:猜一猜两个图形哪个面积大哪个面积小

长方形

正方形

小结：①用圆形测量图形的面积不合适，因为圆形和圆形之间有空隙；用三角形测量图形的面积时，拼摆比较麻烦；用正方形测量图形的面积既便于拼摆，又能准确测量图形的面积。

②比较两个图形面积的大小，必须选择形状、大小完全相同的图形进行测量，即要用统一的面积单位来测量。

三、解决问题

（1）下面图形的面积各是几个正方形？

请你说一说：

下列图形面积分别是多少 □ ？

（2）想一想：面积和周长有什么关系？

仔细观察下面的图形，周长和面积有什么变化？

仔细观察下面的图形，周长和面积有什么变化？

周长越长，面积越大 ？

周长越长，面积越小 ？

小结：面积是指图形的大小，周长是指图形一周的长度，它们同时存在于图形中，是两个不同的量。周长越长，面积不一定越大，所以面积与周长之间无法比较。

【学习分析】

《认识面积》属于空间与图形领域，是 2013 年人教版数学三年级下册第五单元的内容。"什么是面？"现代汉语词典解释道：几何学上指一条线移动所构成的图形，有长有宽，没有厚。这是面积的"形"。"什么是面积？""物体的表面或封闭图形的大小就是它们的面积。""大小"即为"数"，数形结合起来理解这便是面积的本质。"面积"和"周长"是同时存在于一个封闭图形的两个几何量。学生从学习长度到学习面积，是从一维空间向二维空间转化的开始，是空间形式由线到面的一次飞跃。通过与学生的交流，教师发现很多学生已经知道"面积"这个词语，对于面积的学习有迫切的需求，更有一些学生已经知道计算长方形、正方形面积的方法，但对面积的含义并不能说清楚。在教学中，教师还发现学生已有的周长知识经验会对学习面积带来干扰。对学生来讲，要建立起清晰的面积概念还比较困难，他们很容易将面积与周长混淆。本次教学，主要从数形结合的角度，帮助学生正确建构面积概念的本质。

【微课运用】

1. 微课内容介绍

马鞍山市湖东路第二小学：陈　丽　录制时间：2016 年 5 月　微课时间：5 分钟半以内	
微课名称	《面积度量单位的产生》
知识点来源	学科：小学数学　年级：三年级下　教材：2013 年人教版　页码：第 62 页
基础知识	听本微课之前需了解的知识：面积的概念，会选取图形作单位测量图形的面积
教学类型	演示型、启发型、自主学习型
适用对象	三年级学生、小学数学教师
教学过程	
片头（30 秒以内）	同学们，今天我们研究用什么图形作单位测量面积最合适。
正文讲解 （5 分钟以内）	1. 测量长方形的面积。 　（1）选取一个图形为单位来度量这个长方形的面积。 　①用圆形作单位量一量这个长方形的面积。圆和圆之间有空隙，测量不出来。②用三角形作单位量一量这个长方形的面积。用三角形测量，拼摆方向不同比较麻烦。③用正方形作面积单位很合适，铺得又快又好。④用长方形作单位和正方形一样合适。 　（2）用正方形和长方形分别测量长方形的面积，谁更合适？ 　①用小长方形作单位，把小长方形横着摆，每排摆 3 个，摆了两排，那么把长方形竖着摆行吗？竖着摆，你发现了什么？②用小正方形作单位，横着摆，竖着摆，你有什么发现？正方形的每一条边都一样，无论横着摆还是竖着摆，都是一种摆法，测量很方便。用长方形拼摆就不一样了，长方形的长和宽不一样，摆法也不一样，测量起来会比较麻烦。所以，选择正方形作面积单位更合适。 2. 用正方形作面积单位不仅方便，而且科学。 　1 厘米长的线段是长度单位，1 厘米长的线段运动成正方形就是面积单位。这样长度单位和面积单位就保持了一致性。所以国际上规定，用正方形作面积单位。

2. 微课对本节课的作用

"为什么用正方形作面积单位？"一直是学生的困惑。在日常教学中，教师往往采用"这是数学的规定"予以解释。如何直面学生的困惑？教师采用微课的方式展示面积单位的形成过程。用圆形作面积单位不能密铺；用三角形作面积单位受到拼摆方向的限制，不利于测量；"用长方形作面积单位也一样可以"是学生的共识。"如何转变学生的观点"这是一个难点，说不清，道不明，教材避开了这个难点，而本次教学利用微课可以巧妙地展示长方形作为面积单位的缺点：有多种拼摆方法，导致被测图形的边长所含测量单位不统一，不利于计算。同时，微课还展示了用正方形作为面积单位的科学性。

【数形结合思想的体现】

数形结合——以数解形

"什么是面？"现代汉语词典解释道：几何学上指一条线移动所构成的图形，有长有宽，没有厚。这就是面积的"形"。探究面积的形状有两个层次：①在"找面""摸面"中初步理解"表面"，初步感悟面积之"形"。"在教室里你能发现哪些面？""面"对于学生而言，是有一些生活经验的，只是这些生活经验比较模糊，如何使模糊的经验变得清晰起来？教师利用多媒体进行突破，给学生发现的这些面进行动态的涂色，通过涂色，学生直观感知面的形状。"摸一摸身边物体的表面"，在摸的过程中体会面在体上，有平面、有曲面，感悟"物体表面"及它的形状。②在面的动态形成过程中加深对面的形状的理解。在形成清晰的"面积"概念之前，学生的空间观念是一维的，从一维空间向二维空间转化，这对学生来说，是一个相当大的跨跃。那么，我们设计什么样的教学活动可以帮助学生实现这种跨越呢？教学中，教师利用多媒体动态展示面的形成过程。"让长方形的一条边动起来，形成了什么？""这条线段有面积吗？""猜一猜这条线段移动后会形成什么样的面？"学生在猜测、观察中实现"面"与"线"的关系，明晰"面"的由来，从而加深对面的形状的理解。

以数解形，在度量中感悟面的大小。描述事物的大小可以有很多方法，在数学中，物体表面或封闭图形的大小需要更为精确的刻画。这种精确的刻画需要借助数来实现。正如华罗庚先生所说，"形缺数时难入微"。①创设情境，激发度量的需要。面积单位的产生是因为现实生活的需要。在日常生活中，我们经常要度量面的大小，如粉刷一面墙，这面墙有多大；洒水车给植物浇水，这片植物的种植面积有多大等，这都需要准确刻画它们的面积。教学中，教师创设了丰富的现实情境，激发学生思考：如何才能准确说出这些面的大小，从而激发学生产生度量的需要。②亲历度量的过程，体会面积的大小。单位化思想是度量的核心，学习长度时，学生已有了度量的经验。教学中，引导学生用学过的图形作单位，度量长方形的面积。度量面积时，为学生提供四个单位图形：圆形、三角形、长方形和正方形。圆形不能密铺，不能用几个圆形来代表长方形的面积。三角形、长方形和正方形都可以密铺，在数单位图形个数来表达长方形的面积过程中，更加体会到面积的含义与大小。③借助微课，展示数形统一，体会正方形作面积单位的优越性。"我认为测量长方形可以用长方形作单位，测量正方形可以用正方形作单位。"这是学生最初的想法，学生为什么会这样想？这是因为长方形和正方形都可以密铺，而且不受方向的限制。教材避开了这个难点，在选择图形测量长方形面积时，没有出现长方形。教学中，教师利用微课巧妙地展示了长方形作为面积单位的缺点和正方形作为面积单位的科学性。边长为1个长度单位，其面积为1个面积单位，既满足了数形的统一，又保持了由长度单位到面积单位以至今后到体积单位的一致性。通过多层对比，学生明晰了正方形作为面积单位的合适性。

借助几何直观，在与周长的对比中深刻理解面积概念的本质。"面积"和"周长"是同时存在于一个封闭图形的两个几何量。周长是一周的长度，面积是面的大小。这两个几何量既有关联，又没有本质的联系，如何使学生从思维层面对它们实行剥离？教学中，教师通过几何直观呈现三个不同的情境：周长变长，面积变大；周长变长，面积变小；周长不变，面积变小，引导学生思考周长与面积之间的关系。学生感悟到：周长的本质是一条线的长度，面积的本质是一个面的大小。它们之间是非正相关的关系，即面积大，周长不一定就长。在对比中，帮助学生理解面积概念的本质。

本次教学，设计了丰富的活动，使学生认识了面积之形；在度量中实现以数解形，使学生经历面积的形成过程；在体验中完善和丰富了对面积概念的认识，从而让学生构建了面积概念的本质。

执　　教：安徽省马鞍山市湖东路第二小学　陈　丽

案例撰写：安徽省马鞍山市湖东路第二小学　陈　丽

案例3　巧装茶盒的学问

【适用年级】 五年级（下学期）

【学习内容】 人民教育出版社 2013 年第 1 版《义务教育课程标准实验教科书　数学》五年级下册第 37 页。

【学习过程】

一、纸箱棱长是茶盒棱长的整数倍，没有剩余空间

问题情境"装茶盒"：茶厂工人要将棱长为 10cm 的正方体茶盒装入棱长为 30cm 的正方体纸箱，最多能装几盒？

方法一：用大正方体的体积除以小正方体的体积来解决这样的问题，通过计算得：最多可以放入 27 个。

$V_{大} \div V_{小}$

$= (30 \times 30 \times 30) \div (10 \times 10 \times 10)$

$= 27000 \div 1000$

$= 27$（个）。

方法二：每排摆的个数：$30 \div 10 = 3$（个）；

每层摆的排数：$30 \div 10 = 3$（排）；

摆的层数：$30 \div 10 = 3$（层）。

故：每排摆的个数 × 每层摆的排数 × 摆的层

数＝最多摆放的个数。

小结：观察发现，纸箱棱长是茶盒棱长的整数倍，没有剩余空间，上面的两种方法都可以解决问题。

二、纸箱长、宽、高不是茶盒的整数倍，有剩余空间

1. 一层一层地放满，剩余空间不可利用

（1）茶盒换成了长 10cm、宽 10cm、高 7cm 的长方体形状，最多能装几盒呢？

首先确定最多能摆的范围。

最多摆放：$(30 \times 30 \times 30) \div (10 \times 10 \times 7) \approx 38$（个）。

（2）实际情况是不是这样呢？

每排摆的个数：$30 \div 10 = 3$（个）；

每层摆的排数：$30 \div 10 = 3$（排）；

摆的层数：$30 \div 7 = 4$（层）……2（厘米）。

> 比一比、想一想
> 剩余空间：$30 \times 30 \times 2$
> 茶盒规格：$10 \times 10 \times 7$

小结：剩余一个长 30cm、宽 30cm、高 2cm 的长方体空间，茶盒的长、宽、高分别为 10cm、10cm、7cm，都大于剩余高度 2 厘米，无论怎么摆放，余下的空间不可再利用，所以最多只能摆入 36 个小长方体茶盒。

2. 放满第一层，第二层调整摆放，剩余空间可以再利用

（1）换成长宽高为 10cm、10cm、20cm 的小长方体茶盒，又会是怎样的情况呢？

①确定范围，最多摆放：$(30 \times 30 \times 30) \div (10 \times 10 \times 20) \approx 13$（个）。

②常规思考：每排摆的个数：$30 \div 10 = 3$（个）；

　　　　　　每层摆的排数：$30 \div 10 = 3$（排）；

　　　　　　摆的层数：$30 \div 20 = 1$（层）……10（厘米）。

（2）动手摆一摆、验证。

观察发现，摆完第一层是 9 个，铺满 9 个之后，剩余空间是 $10 \times 30 \times 30$ 的长方体，剩余空间能否再利用呢？

（3）比较，剩余空间还可以再放入茶盒，茶盒调整方向又可以摆进去 3 个，这时还剩下 $30 \times 10 \times 10$ 的空间。观察剩余空间和茶盒的数据大小，其实还可以放入一个茶盒。

最后只剩下一个棱长为 10 的小正方体空间，不可再利用。所以，最多只能摆放 13 个。

小结：第一次摆放 9 个，第二次摆放 3 个，第三次摆放 1 个，最多摆放的个数为 $9 + 3 + 1 = 13$（个）。

3. 不规则调整摆放，剩余空间可以反复利用

换成 $10 \times 20 \times 20$ 的小长方体茶盒，又会是怎样的情况呢？

确定范围，最多摆放：$(30 \times 30 \times 30) \div (20 \times 20 \times 10) \approx 6$（个），即最多能摆 6 个。利用每排摆的个数 $\times$ 每层摆的排数 $\times$ 摆的层数 = 最多摆放的总个数，可以摆放 3 个，观察发现剩余空间还非常多，是否可以再利用呢？调整摆放位置，共可以摆 5 个。

与我们估计范围还差一个，再调整下位置，试试看。一起来看看微课演示的操作！

三、小结：巧装茶盒的学问

整数倍的情况　　剩余空间不可利用的情况　　　剩余空间可利用的情况

$V_大 \div V_小 =$ 最多摆放的个数

每排摆的个数×排数×层数=最多摆放的个数

调整摆放

↓

剩余空间最小

【学习分析】

本节学习素材来自 2013 年人教版数学五年级下册第 37 页的思考题。茶厂工人要将长、宽各为 20cm，高为 10cm 的长方体茶盒装入棱长为 30cm 的正方体纸箱，最多能装几盒？怎样才能装下？解决这些问题，学生需要的知识基础是长方体和正方体的体积计算方法。教学要求学生结合具体情境，会用数学眼光观察生活中物体的形状，能用所学知识解决一些简单的实际问题，从而通过多种感官协同作用培养空间观念。

【微课运用】

1. 微课内容介绍

马鞍山市山南小学：梅昌甜　黄祥凤　录制时间：2017 年 4 月　微课时间：5 分钟 5 秒以内	
微课名称	《巧装茶盒的学问》
知识点来源	学科：小学数学　年级：五年级下　教材：2013 年人教版　页码：第 37 页
基础知识	长方体、正方体体积计算方法
教学类型	讲授型、演示型
适用对象	五年级学生、小学数学教师
教学过程	
片头（5 秒以内）	同学们：今天研究"巧装茶盒的学问"。
正文讲解 （5 分钟以内）	1. 纸箱棱长是茶盒棱长的整数倍，没有剩余空间 　　这是一个棱长为 30cm 的正方体纸箱，现在将棱长为 10cm 的小正方体茶盒装入其中，最多能装几盒呢？ 　　以正方体纸箱的一个顶点引出三条棱，摆棱长为 10cm 的小正方体茶盒，一排最多摆 3 个，能摆 3 排，一层全部铺满，共摆 9 个，摆 3 层能摆 27 个。 2. 剩余空间不可利用的情况 　　茶盒换成了长 10cm、宽 10cm、高 7cm 的长方体形状，最多能装几盒呢？ 　　确定最多能装 38 个。实际情况每排摆 3 个，可以摆 3 排，可以摆 4 层，剩余一长长 30cm、宽 30cm、高 2cm 的长方体空间，无论怎么摆放，余下的空间不可再利用，所以最多只能摆入 36 个小长方体茶盒。 3. 剩余空间可以利用的情况 　　（1）现在换成 10×10×20 的小长方体茶盒。确定范围，最多能摆 13 个。 　　（2）现在换成 10×20×20 的小长方体茶盒，又会是怎样的情况呢？确定范围，最多能摆 6 个，调整摆放位置，共可以摆 5 个。演示操作。

2. 微课对本节课的作用

"巧装茶盒的学问"是一个实际问题，按照一般的方法用纸箱的体积除以茶盒的体积，显然不符合实际情况，学生无法在头脑中形成真实的摆放表象。微课将练习题这一情境改编成"没有剩余空间、有剩余空间可以利用、有剩余空间不可利用"的多种情况，通过观看教学视频，引导学生发现巧装茶盒的方法，让学生在解决问题的过程中，体会数形结合、归纳与推理、模型建立等数学思想。微课学习过程中，学生可以一边观看"微视频"一边思考，不明白的地方反复观看，观看完微视频，完成相应的进阶练习，巩固所学知识。本节微课《巧装茶盒的学问》全面介绍了此类问题的解决方法，讲授、演示、探究多种学习方式相结合，有效利用教材重组，极大得发挥了教材的作用。

【数形结合思想的体现】

问题解决：建立数据与图形表象之间的联系

数形结合在几何研究中的作用，数学家华罗庚有过精辟的论述，"数让形更入微"。几何形体的形状、大小以及之间的位置关系，需要定性描述与定量刻画的结合。

一是平面中的裁剪问题。如：一个长为 45cm、宽为 20cm 的长方形纸，最多可以剪成 10 个边长为 3cm 的正方形。很多学生采用大面积除以小面积，商等于裁剪的块数。原因是学生学习知识的习惯性错误延续。"大面积÷小面积＝块数"这一结论在学生思维中根深蒂固，遇到此类问题没有将实际数据与图形建立对应与联系，忽略了实际问题的解决策略，只是记住一个模糊的解决方法。实际情况中，宽 20cm 不是边长为 3cm 的正方形的整数倍，长方形纸张会产生不可利用的部分。

二是巧装茶盒的问题。

（1）问题的缘起：巧装茶盒的素材源于 2013 年人教版数学五年级下册第 37 页的思考题。不同年代的教师用书对这个问题给了不同的结论，5 个、6 个，引发了争议。

教师用书结论的修订，说明这个问题并不简单，这一现象激发了数学教育工作者强烈的探究欲望。

（2）解决问题方法的延续。平面中裁剪问题的解决思路在立体图形中有无影响？它的作用是什么？当纸箱棱长是茶盒棱长的整数倍，没有剩余空间的时候，如棱长 10cm 的正方体茶盒装入棱长 30cm 的正方体纸箱，最多能装几盒？大体积÷小体积＝装入盒数。当纸箱长、宽、高不是茶盒的整数倍，有剩余空间，必须考虑剩余空间能否继续装下，这时可以先用大体积÷小体积，确定最多可以装入的盒数，再考虑实际摆放的方法，不断调整摆放的位置，找到最大可能利用的空间。

（3）问题解决精髓：数形结合，建立数据与图形表象之间的联系；操作与想象结合，建立直观与空间想象之间的联系。此类问题解决的本质不能停留在简单的计算上。当有剩余空间时，通过观察比较发现，利用"每排摆的个数×每层摆的排数×摆的层数"可以求出最多摆放的盒数。实际情况仍然需要将图形与数据进行对比，建立数据与图形表象之间的联系，思考剩余空间是否可以利用。

例如：案例中"一层一层地放满，剩余空间不可利用"。剩余长 30、宽 30、高 2 的长方体空间，茶盒长、宽、高分别为 10，10，7，都大于剩余高度 2 厘米，无论怎么摆放，余下的空间不可再利用。再如："放满第一层，第二层调整摆放，剩余空间可以利用"，通过剩余空间数据与茶盒大小多次比较，直至最后剩余空间小于茶盒大小，确定摆放的个数。对于缘起问题，课本的思考题属于不规则摆放，需要多次调整摆放位置，剩余空间可以反复利用，如下图。

第一次摆 3 个　　　　　　增加到 5 个　　　　　　增加到 6 个

上述解决问题的过程做到了数与形的结合，将大小盒子的图形特征与计算相结合，先确立最多可以摆放的盒数，再寻找图形数据与图形表象之间的联系，在解决问题中培养学生的空间想象能力。

执　　教：安徽省马鞍山市山南小学　俞洁文

安徽省马鞍山市山南小学　梅昌甜

案例撰写：安徽省马鞍山市山南小学　俞洁文

安徽省马鞍山市山南小学　黄祥凤

安徽省马鞍山市山南小学　梅昌甜

案例 4　探索图形

【适用年级】五年级（下学期）

【学习内容】人民教育出版社 2013 年第 1 版《义务教育课程标准实验教科书　数学》五年级下册第 44 页。

探 索 图 形

用棱长 1 cm 的小正方体拼成如下的大正方体后，把它们的表面分别涂上颜色。①、②、③中，三面、两面、一面涂色以及没有涂色的小正方体各有多少块？按这样的规律摆下去，第④、⑤个正方体的结果会是怎样的呢？

把问题用列表的方式表示出来。

看看每类小正方体都在什么位置，能否找到规律。

	三面涂色的块数	两面涂色的块数	一面涂色的块数	没有涂色的色块数
①	8	0	0	0
②	8	12	6	1
③	8	24		
④				
⑤				

没有涂色的怎样填比较快？

观察上表，你能发现什么？

（1）你能继续写出第⑥、⑦、⑧个大正方体中4类小正方体的块数吗？
（2）如果摆成下面的几体，你会数吗？

【学习过程】

想一想：至少要几个相同的小正方体才能拼成一个稍大的正方体呢？

用棱长1cm的正方体拼如下的大正方体，说说每个大正方体分别是多少块小正方体组成的？

2^3　　3^3　　4^3

一、寻找位置特征

如果把（3^3）正方体的表面全部涂上颜色，请想一想：每个边长为 1cm 的小正方体的表面涂色会出现什么情况？（三面涂色、两面涂色、一面涂色、

没有涂色）

（1）三面涂色的在拼成正方体的什么位置？（顶点）

（2）两面涂色的在拼成正方体的什么位置？（棱的中间）

（3）一面涂色的在拼成正方体的什么位置？（面的中间）

（4）没有涂色的在拼成正方体的什么位置？（内部）

小结：三面涂色的在拼成正方体的顶点的位置；两面涂色的在拼成正方体的每条棱的中间；一面涂色的在拼成正方体的每个面的中间；没有涂色的在拼成正方体的内部。

二、寻找数量规律

1. 数一数

数一数 2^3 和 3^3 的正方体中四种涂色情况的个数。

（1）三面涂色的在什么位置？（顶点）多少块？（8 块）

（2）两面涂色的在什么位置？（棱的中间）多少块？

0 块怎么得到的？（每条棱的中间都是 0 个。）

12 块是怎么得到的？$1 \times 12 = 12$ 中的 1 和 12 各表示什么意思？

（3）一面涂色的在什么位置？（面的中间）多少块？（6 块）

6 块是怎么得到的？$1 \times 6 = 6$ 中的 1 和 6 各表示什么意思？

（4）没有涂色的在什么位置？（内部）多少个？（1 块）

1 块是怎么得到的？（想象出来的；用总数减去三面、两面、一面涂色的块数得到的。）

2. 填表、找规律

活动要求：用自己的方法填出正方体中三面、两面、一面涂色的小正方体的块数。

① ② ③

	三面涂色的块	两面涂色的块数	一面涂色的块数	没有涂色的块数
1	8			
2	8			
3	8			
4				
5				
6				

反馈结果：

①三面涂色的在顶点的位置，正方体有 8 个顶点，所以三面涂色的有 8 块。

②两面涂色的：$2 \times 12 = 24$ 中的 2 和 12 各表示什么？

棱长中间的 2 块是用 $4 - 2$ 得到的，所以两面涂色的就用算式 $(4 - 2) \times 12 = 24$ 表示。

③一面涂色的：$4 \times 6 = 24$ 中的 4 和 6 各表示什么？

每面中间的 4 块是用 $(4 - 2)^2$ 得到的，两面涂色的就用算式 $(4 - 2)^2 \times 6 = 24$ 来表示。

④没有涂色的：用总数减去三面、两面、一面涂色的块数得到的，$64 - 8 - 24 - 24 = 8$。还有和他不一样的方法吗？

3. 播放微课

没有涂色：$2^3 = 8$ （块）　　　　$3^3 = 27$（块）

小结：通过观看微课，得知没有涂色的还可以用算式 $(4 - 2)^3 = 8$ 来表示。

4. 练一练

将③号和②号正方体两面、一面、没有涂色的用算式表示出来。

$(2 - 2) \times 12 = 0$ 　　　$(2 - 2)^2 \times 6 = 0$ 　　　$(2 - 2)^3 = 0$

$(3 - 2) \times 12 = 12$ 　　$(3 - 2)^2 \times 6 = 6$ 　　$(3 - 2)^3 = 1$

5. 观察表格，总结方法

如果棱长 6 厘米，两面涂色的怎么列式？$(6 - 2) \times 12$。

如果棱长是 n 呢？$(n - 2) \times 12$。

用棱长 1cm 的小正方体拼成如下的大正方体后，把它们的表面分别涂上颜色。⑤、⑥号正方体中，三面、两面、一面涂色以及没有涂色的小正方体各有多少块？

①　②　③　④

	三面涂色的块	两面涂色的块数	一面涂色的块数	没有涂色的块数
2	8	$(2-2) \times 12$	$(2-2)^2 \times 6$	$(2-2)^3$
3	8	$(3-2) \times 12$	$(3-2)^2 \times 6$	$(3-2)^3$
4	8	$(4-2) \times 12$	$(4-2)^2 \times 6$	$(4-2)^3$
6	8	$(6-2) \times 12$	$(6-2)^2 \times 6$	$(6-2)^3$
		......		
		$(n-2) \times 12$	$(n-2)^2 \times 6$	$(n-2)^3$

如果棱长为 n，两面、一面、没有涂色的用算式怎么表示呢？

三、拓展练习

猜一猜：

（1）一个组合正方体，在它的每个面上都涂上红色。已知三面涂色的小正方体有 8 块，组合正方体每条棱上有（　　）块小正方体。

答案：无法确定

（2）一个组合正方体，已知两面涂色的小正方体有 24 块，组合正方体每条棱上有（　　）块小正方体。　　　　　　　　答案：4

想一想：

下图组合长方体中小正方体表面涂色有几种情况？分别在长方体的什么位置？你能运用组合正方体中的位置特征和数量规律解决组合长方体中的小正方体涂色问题吗？

【学习分析】

《探索图形》是 2013 年人教版五年级数学下册第 44 页的内容，这部分内容属于空间与图形领域。然而探究组合正方体中小正方体的涂色问题，离学生的生活实际比较远，因此对于小学五年级的学生来说这是个极其抽象的几何问题，属于纯数学的问题，学生理解起来比较困难。由此可知：这部分知识的学习不能单纯地依赖模仿记忆，应该让学生亲身经历化繁为简解决问题的策略，并利用数形结合，将实际问题抽象成数学模型加以解释与运用。

【微课运用】

1. 微课内容介绍

马鞍山市山南小学：黄祥凤　录制时间：2015 年 9 月　微课时间：3 分钟以内	
微课名称	《组合正方体内部的秘密》
知识点来源	学科：小学数学　年级：五年级下　教材：2013 年人教版　页码：第 44 页
基础知识	听本微课之前需了解的知识：观察组合正方体，初步了解它的表面四种涂色情况
教学类型	演示型、启发型、自主学习型
适用对象	五年级学生、小学数学教师
教学过程	
片头（5 秒以内）	同学们，组合正方体内部有什么秘密呢？让我们一起去看一看。
正文讲解 （2 分 55 秒以内）	（1）这是一个组合正方体，它的每条棱上有 4 个相同的小正方体。依次拿走它的上面、前面、后面、左面、右面，它的内部没有涂色的也形成一个小的组合正方体，内部组合正方体的每条棱上只有 2 个小正方体。原来组合大正方体的每条棱上有 4 个小正方体，它们有什么关系呢？仔细观察一下。 （2）我们再来观察这个组合正方体，每条棱上有 5 个相同的小正方体。依次拿走它的上面、前面、后面、左面、右面，它的内部没有涂色的也形成一个小的组合正方体，内部组合正方体的每条棱上只有 3 个小正方体。原来组合大正方体的每条棱上有 5 个小正方体，它们有什么关系呢？仔细观察一下。

2. 微课对本节课的作用

《探索图形》是在学生已经了解长方体和正方体特征的基础上探究组合正方体中小正方体表面的涂色问题。探究结论是：三面、两面、一面涂色的小正方体分别与大正方体的顶点、棱和面有关。

本节课学生感到最为困难的地方是：没有涂色的小正方体个数与什么有关？由于没有涂色的小正方体藏在大正方体的中心，学生既看不见又摸不着，所以这是本节课学习的重点，更是难点。因此，教师特意制作了学具——准备同样的小正方体若干个，拼搭成每条棱上分别为 3 个、4 个、5 个小正方体的组合大正方体，并录制了一段操作的视频微课，让学生通过观看视频真真切切地看到内部没有涂色的部分也是一个正方体，它的棱长与原来大正方体的棱长存在一定的关系。这样才能在学生已经积累的数学活动经验与所学知识之间搭建桥梁，促进学生理解和掌握新知，以实现真正有意义的学习。教学过程使每一位学生积极主动地参与学习活动，力求在各个环节上体现"想象"，即观察中想象、操作中想象、应用中想象，让学生在活动中产生认知错觉与真实图形之间的矛盾冲突，经历不断"自我否定"的过程，从而促进学生对数学知识的理解，发展空间观念，建立数学模型。课后，学生还可以按需选择，查缺补漏，强化巩固。

【数形结合思想的体现】

数形结合——建立模型

对空间与图形的教学，《义务教育数学课程标准（2011 年版）》强调"应注重所学知识与日常生活的密切联系，注重使学生在观察操作活动中获得对简单几何体和平面图形的直观经验"。由于五年级学生的逻辑思维能力还比较弱，在学习《探索图形》时必须面对数学的抽象性这一现实问题；然而教材并没有呈现使抽象的数学问题转化成学生易于理解的方式，因此借助数形结合思想中的图形直观操作手段，教师可以提供非常好的教学方法和解决方案，帮助学生建立数学模型。

（1）数形结合，微课建立模型。本节课教学主要体现数形结合思想、模型思想（建模）以及化繁为简的数学思想。教学中借助"形"的几何直观性来阐明四种涂色情况的位置特征，再根据正方体的特征快速计算出各种情况下小正方体的个数，可称之为"以形助数"。在探索图形涂色规律的活动中，让学生初步体会建立数学模型的过程，即从具体到抽象，从特殊到一般，逐步揭示图形之间的内在联系，并用数学化的形式表示规律，从而把思维和推理提到一个更高的层次。

当探究"内部没有涂色的小正方体的形状与它的个数之间的关系"时，问题所指"组合正方体内部有什么秘密呢?"，实际上就是把表面涂色的小正方体全部去掉，求剩下的小正方体的个数。借助微课突破难点，依次拿走组合正方体的上面、前面、后面、左面、右面，它的内部没有涂色的也形成一个小的组合正方体，内部小的组合正方体的每条棱上就减少了 2 个。每个正方体都有 6 个面、12 条棱、8 个顶点，根据已知条件列成公式：内部没有涂色的小正方体的个数 =（大正方体每条棱上小正方体的个数 - 2）^{3}。

（2）应用模型，拓展解决问题。发现规律后，再利用规律找出棱长 5 厘米和 6 厘米的大正方体的涂色情况，加以验证，并进一步应用到更多的大正方体中。

猜一猜：①一个组合正方体，在它的每个面上都涂上红色。再把它切成棱长是 1 厘米的小正方体。三面涂色的有 8 个，组合正方体每条棱上有几块小正方体？②已知两面涂色的小正方体有 24 块，每条棱上有几块小正方体？

完成以上任务后，教材进一步拓展，用小正方体摆出其他形状的组合体，利用前面积累的活动经验和方法进行探究：这是一个有多个小正方体拼成的长方体，用刚才所学的知识，你能算出两面、一面和没有涂色的小正方体各有多少块吗？

数学建模能帮助解决问题，但是最终目的是发展空间观念，形成抽象思维。在整个学习的过程中，首先为学生提供一个比较详实的问题背景，让学生对不易理解、无法看见的数学知识原形有充分的了解，然后明确原型的特征，转变成直观表象。同时，借助动作、语言建立起表象与数学符号之间的关系，让学生从数学的角度发挥想象，初步学会对实际问题进行简化，通过观察、分析获得解决问题的一些基本方法。最后，发展学生的数学意识，构建合理的数学模型，解读数学问题的原型。

执　　教：安徽省马鞍山市山南小学　黄祥凤

案例撰写：安徽省马鞍山市山南小学　黄祥凤

案例 5　数学思考——点与线段

【适用年级】六年级（下学期）

【学习内容】人民教育出版社 2013 年第 1 版《义务教育课程标准实验教科书　数学》六年级下册第 91 页。

4. 数 学 思 考

数学思想和方法可以帮助我们有条理地思考，简捷地解决问题。你能举例说一说你知道哪些数学思想和方法吗？

1. 6个点可以连多少条线段？8个点呢？

太乱了，我都数昏了。

别着急，从2个点开始，逐渐增加点数，找找规律。

点数					
增加条数		2	3	4	
总条数	1	3	6	10	

3个点连成线段的条数：1+2=3（条）
4个点连成线段的条数：1+2+3=6（条）
5个点连成线段的条数：1+2+3+4=10（条）
6个点连成线段的条数：＿＿＿＿＿＿＿＿
8个点连成线段的条数：＿＿＿＿＿＿＿＿

根据规律，你知道12个点、20个点能连多少条线段吗？请写出算式。
想一想，n个点能连多少条线段？

【学习过程】

一、限时"黄金100秒"

（1）活动要求：在下面两个问题中任选一个画一画、想一想、填一填。
①8个点可以连成多少条线段？②80个点可以连成多少条线段？

活动1：黄金100秒

要求： 在下面两个问题中任选一个画一画，想一想，填一填。
（1）8个点可以连成多少条线段？（2）80个点可以连成多少条线段？

作图区	
结果	一共能连（　　）条线段。

（2）展示活动结果：你选择哪一个问题？为什么？（80个点显然比较麻烦）。

（3）选择8个点，结果连成多少条线段？

小结：选择8个点（8个点相对于80个点简单），且8个点连成的线段100秒之内也不能找全，应当化繁为简。下面就从2个点开始，逐步增加点数，寻找其中的规律。

二、从2个点开始，逐次增加点数，寻找规律

（1）出示2个点表格，增加第3个点，观察增加的线段和线段的总条数，它们发生什么变化？

作图区				
点数	2			
增加条数				
总条数	1			

作图区				
点数	2	3		
增加条数		2		
总条数	1	3		

小结：A，B两点连成1条线段，新增加C点分别与已有的A，B两点连接，增加2条线段，线段的总条数在原有1条基础上增加2条，$1+2=3$条。

（2）小组活动，尝试逐一增加线段，将表格补充完整，探究其中的规律。

活动2：连一连、填一填

作图区				
点数	2	3	4	5
增加条数		2	3	
总条数	1	3	6	

活动2：连一连、填一填

作图区					
点数	2	3	4	5	···
增加条数		2	3	4	···
总条数	1	3	6	10	···

①自主探究，反馈总结：增加的第4个点与前面已有的3个点分别相连，增加3条线段。线段总数在原有基础上加3，算式表示是$1+2+3=6$。

同理：增加的第5个点与前面已有的4个点分别相连，增加4条线段。线段总数在原有基础上加4，算式表示是$1+2+3+4=10$。

②结合画图的过程，想一想增加第6个点、第7个点，增加的线段有什么规律？线段的总数在原有基础上发生什么变化？

③观察算式：

点数	线段总数
2	1
3	$1+2=3$
4	$1+2+3=6$
5	$1+2+3+4=10$
…	…

小结：每道算式都是从 1 开始的连续自然数相加，最后一个加数都比点数少 1。

（4）8 个点能连出多少条线段呢？用算式表示。

（5）若干个点连成线段的总数怎么表示呢？

板书：若干个点连成线段的总数：$1+2+3+4+5+\cdots+$（点数 -1）。用 n 表示若干个点，n 个点连成线段的总数：$1+2+3+4+\cdots+$（$n-1$）。

（6）如果现在让你选择，你敢选择 80 个点连成线段吗？为什么？

通过数形结合，根据画图和算式的特点，我们发现了点连成线段的规律。

三、运用规律解决生活中的问题

（1）生活中的握手问题：10 个小朋友，每两个人握一次手，一共握多少次手？

解法一：寻找握手问题与"点连成线段的规律"的联系，易知，一共握 $1+2+3+\cdots+8+9=45$（次）手。

解法二：第一个小朋友 A 与其他 9 个小朋友各握 1 次，共握 9 次手；第二个小朋友 B 与其他的 8 个小朋友各握 1 次，共握 8 次手；第三个小朋友 C 与其他的 7 个小朋友各握 1 次，共握 7 次手；依次类推下去：$9+8+\cdots+2+1=45$（次）。

生活中的握手问题 还有不同的思考方法吗？

10个小朋友，每两个人握一次手，一共能握多少次手？

9+8+7+6+5+4+3+2+1=45(次)

A B C D E F G H I J

还有不同思考方法吗？观看微课。

解法三：每一个小朋友都与剩下的 9 个小朋友分别握一次手，10 个小朋友共握手 90 次，每两人握手算一次，发生了重复现象，所以：$10 \times 9 \div 2 = 45$（次）。

小结：生活中的握手问题，我们可以从不同的角度思考。当点数很多的时候，用第三种方法计算比较简便。80 个点可以连成 $80 \times 79 \div 2 = 3160$（条）线段。

（2）生活中的打电话问题。开心寻宝：哪一种是运用今天学的规律解答的？

生活中的打电话问题

小刚 小红 小林 小丽 小明 小华 小兰

① 上面是舞蹈组的7个队员，暑假 接到紧急演出任务，老师需要尽快通知到每个队员。如果用打电话的方式，每分钟通知1人，最快需要多少分钟？

② 上面7个人，每2个人通一次电话，一共要通多少次电话？

解答①：

解答②：$1+2+3+4+5+6=21$（次）

$6+5+4+3+2+1=21$（次）

$7 \times 6 \div 2 = 21$（次）

（3）生活中的车票问题：马鞍山东站与铜陵站之间途经 4 个车站，需要准备多少种不同的车票？

生活中的车票问题

马鞍山东站与铜陵站之间途经4个车站，需要准备多少种不同的车票？

分析与解答：一共有多少个站点？把站点看做什么？

①直接出示算式：$1 + 2 + 3 + 4 + 5 = 15$（种），并询问学生有不同的意见吗；

②争辩：往返的车票一样吗？

四、方法提升

本次教学我们总结了点连成线段的规律，得出了结论——计算公式。若是以后忘记了解决这类问题的公式，怎么办？（可以重新画图研究，从最少的条数2条开始）这些公式可以忘掉，因为它只能解决点连成线段的条数问题。但今天这样的研究方法不能忘，因为这是智慧。解决80个点连成线段的问题，从最少的2个点连成一条线段开始，逐步去发现规律，这样的研究方法经历了化繁为简，同时还采用数形结合思想。

【学习分析】

从一年级下册开始，每一册教材都安排有一个单元"找规律"或"数学广角"。其中，"找规律"是让学生探索给定图形或数字中简单的排列规律，"数学广角"渗透了排列、组合、集合、等量代换、逻辑推理、统筹优化、数学编码、抽屉原理等方面的数学思想方法。在此基础上，六年级下册数学教材通过三道例题，进一步巩固和发展了学生找规律的能力、分步枚举组合的能力和列表推理的能力。本节课的学习内容是一个比较典型的找出规律、依此类推的数学问题，体现了找规律对解决问题的重要性。这里的规律一般化表述是：以平面上几个点为端点，可以连多少条线段。这种以几何形态显现的问题，便于学生动手操作，通过画图，由简到繁，采用数形结合，发现规律。解决这类问题的常用策略是，由最简单的情况入手，找出规律，以简驭繁。对于这部分知识，学生也已经掌握了一些方法，例如表格、画图、关系式、从特例开始寻找规律等方法。

【微课运用】

1. 微课内容介绍

马鞍山市山南小学：黄祥凤　录制时间：2016 年 5 月　微课时间：6 分钟以内	
微课名称	《数学思考——点连成线段的规律》
知识点来源	学科：小学数学　年级：六年级下　教材：2013 年人教版　页码：第 91 页
基础知识	从特例开始寻找规律，画图探究规律的能力与类推思想
教学类型	演示型
适用对象	六年级学生、小学数学教师
教学过程	
片头（5 秒以内）	生活中握手的问题实际上可以看做点连成线段，从不同角度寻找规律。
正文讲解 （5 分钟 55 秒以内）	第一种思考方式：小朋友一个一个陆续到场，相当于逐步增加点连成线段。先来了 2 个小朋友 A 和 B，2 个点可以连一条线段，接着第 3 个小朋友 C 来了，C 要和前面已到场的 A，B 分别握手，这样，就在原来 1 条线段的基础上增加了 2 条线段，3 个点连线的总数为 3 条线段。接着第 4 个、第 5 个依次到场，每一个到场的小朋友都要和前面已经到场的人握一次手。 $$1+2+3+4+5+6+7+8+9=45（次）$$ 　　第二种思考方式：全部到齐后不重复的握手。假定 10 个小朋友全部到齐后再握手。第一个小朋友 A 握 9 次手后离开，第二个小朋友和其余的 8 个小朋友握手，因此，A 和 B 握手的总数为 9 + 8。想一想，C 会握几次手？第四个小朋友 D 呢？我们发现握手总数是从 9 + 8 + 7 + 6 + 5 + 4 + 3 + 2 依次加到 1。

正文讲解 （5 分钟 55 秒以内）	第三种思考方式：每人都和另外 9 个人握手。10 个小朋友，每人握 9 次手，总共握了 90 次，想一想，90 次中有多少是重复的？ 重复握手，有一半重复了，90÷2＝45（次）。 依照这样的握手方式，有 n 个点可连成的线段数为：$n×（n-1）÷2$。 假如每人都握9次，会怎样握数：$n×(n-1)÷2$ $10×(10-1)÷2=45$(次) 小结：当点数很多的时候，用这种方法计算比较简便。

2. 微课对本节课的作用

微课因其"微"被又称为"碎片化"学习。运用微课，可以培养学生数学思维的整体性，让学生对思维的各个环节和过程有较深刻的认识，让学生的思维可视化、外显化。

数学思考"点连成线段的规律"有三种思考方式，教学中运用化繁为简的数学思想探究"逐次增加点连成线的规律"，但一节课中无法完成对三种思考方式的认识。本节课重点让学生理解解决这类问题常用的策略即：由最简单的情况入手，找出规律，以简驭繁。课中探究逐一增加了点，总结了线段条数的规律。针对另两种思考方法：$（n-1）＋（n-2）＋…＋3＋2＋1$ 和 $n（n-1）÷2$，根据课堂生成，教师采用微课这一新型的教学资源，易于学生在这种真实的、具体的、典型案例化的教与学情景中培养思维的完整性。对数字规律、图形规律、数形结合规律……进行一次梳理分类，让学生从联系中建构分类、概括数学思想方法，完善认知结构，洞悉知识间的内在联系，培养思维的连续性和完整性。

【数形结合思想的体现】

数形结合——探究规律

本书的学习要求是引导学生探求给定事物中隐含的规律或变化趋势，鼓励学生探索数之间蕴涵的规律、图形之间蕴涵的规律、实际生活中蕴涵的规律等。对于规律的探索，由简到繁，以简驭繁，不仅能使学生加深对所学的数、图形的理解，而且能够发展学生观察、归纳、概括的能力，同时还可以使学生初步体会函数的思想。

（1）数形结合，探究规律中培养逻辑思维能力。本节学习中运用数形结合思想，帮助学生理解较抽象的数量关系、建立模型，培养学生的逻辑思维能力。学习初始巧设游戏：限时"黄金 100 秒"。在下面两个问题中任选一个画一画、想一想、填一填。①8 个点可以连成多少条线段？②80 个点可以连成多少条线段？在学生不约而同选择 8 个点的基础上，启发学生从 2 个点、3 个点开始寻找规律。让学生从 2 个点开始连线，逐步经历连线过程，随着点数的增多，得出每次增加的线段数和总线段数，初步感知点数、增加的线段数和总线段数之间的联系。2 个点时连 1 条线段，增加到 3 个点时就增加了 2 条线段，到 4 个点时就会再增加 3 条线段，5 个点就增加 4 条线段，6 个点就增加 5 条线段。易得，每次增加的线段数和点数相差 1。

关于线段的总条数，从 2 个点开始，即 2 个点共连 1（条）线段，3 个点共连 $1+2=3$（条）线段，4 个点共连 $1+2+3=6$（条）线段。在此基础上，5 个、6 个、8 个、12 个、20 个点能连多少条线段，就完全可以由学生自己列出算式并算出结果。用字母表示，即 n 个点可连线段的总条数就等于从 1 开始前（$n-1$）个连续自然数的和。

"数"与"形"是数学研究的两个基本对象，利用数形结合方法能使"数"和"形"统一起来，借助于"形"的直观来理解抽象的"数"，运用"数"与"式"来细致入微地刻画"形"的特征，直观与抽象相互配合，取长补短，从而顺利有效地解决问题。点连成线段规律的探究过程，是紧紧抓住图像的特征，在图像逐步形成的过程中写出算式，通过对图像的解读，理解算式中每一个数的意义。即引导学生结合画图的直观过程明确算理：每增加一个点，这个点可以和前面已有的每个点都连一条线段，所以前面有几个点，就会增加几条线段。在探索中发现总线段数其实就是从 1 依次连加到点数减 1 的那个数的自然数数列之和，接着用已建立的数学模型去推算 6 个点、8 个点、n 个点时一共可以连成多少条线段。

（2）数形结合，探究规律中培养发散思维能力。本节学习应用数形结合的思想，培养学生的发散思维能力。发散思维是从同一来源的材料或同一个问题，探求不同思路和方法的思维过程，其思维方向是从不同角度、不同方面看待同一个问题。针对点线问题的另两种思维方式，$(n-1)+(n-2)+\cdots+3+2+1$ 和 $n(n-1)\div2$，由于课堂教学时间有限，不能一一展开，便引入了微课这一新型的教学资源，三种不同的握手方式引出三种不同的思考角度，在发散中培养了思维的完整性，深刻领悟点连成线段的内涵联系与区别。同时，让学生感受到生活是数学的源泉，数学与生活从来都是密不可分的。

执　　教：安徽省马鞍山市山南小学　黄祥凤

课例撰写：安徽省马鞍山市山南小学　俞洁文

　　　　　安徽省马鞍山市山南小学　黄祥凤